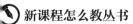
新课程怎么教丛书

U0570685

XINKECHENG
HUAXUE
ZENMEJIAO

新课程
化学
怎么教

怎样才能很好地适应新课程？怎样才能在新课程教学过程中给学生营造一个良好的氛围，建立平等、民主、信任的新型师生关系？怎样才能引导学生的情感处于积极的、自由的、宽松的心理状态，能自主的参与数学课堂学习？使课堂气氛活跃？我认为要解决这些问题就需要自身不断去积累，不断去学习探究。下面就《新课程怎么教》谈谈自己在学习中的一点体会。

杨 敏　本书编写组◎编著

Xinkecheng
Zenmejiao
Congshu

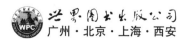

世界图书出版公司
广州·北京·上海·西安

图书在版编目（CIP）数据

新课程化学怎么教 /《新课程化学怎么教》编写组
编 . —广州：世界图书出版广东有限公司, 2011. 3（2024.2 重印）
ISBN 978 - 7 - 5100 - 3334 - 6

Ⅰ.①新… Ⅱ.①新… Ⅲ.①中学化学课 – 课堂教学
– 教学法 Ⅳ.①G633．82

中国版本图书馆 CIP 数据核字（2011）第 036101 号

书　　名	新课程化学怎么教
	XINKECHENG HUAXUE ZENMOJIAO
编　　者	《新课程化学怎么教》编写组
责任编辑	宋立伏
装帧设计	三棵树设计工作组
出版发行	世界图书出版有限公司　世界图书出版广东有限公司
地　　址	广州市海珠区新港西路大江冲 25 号
邮　　编	510300
电　　话	020-84452179
网　　址	http://www.gdst.com.cn
邮　　箱	wpc_gdst@163.com
经　　销	新华书店
印　　刷	唐山富达印务有限公司
开　　本	787mm × 1092mm　1/16
印　　张	13
字　　数	160 千字
版　　次	2011 年 3 月第 1 版　2024 年 2 月第 4 次印刷
国际书号	ISBN　978-7-5100-3334-6
定　　价	59.80 元

本　册　编　委

主　编

宋立伏

编　委

李　玲　王兴芳　何玉蓉　王　娟
李　鑫　魏艳利　王宝金　吴　伟

序　言

　　新课程改革是进入新世纪以后影响我国教育的一件大事，它正在逐渐走进中小学的课堂，重新规范中小学教师的一系列观念、行为。在新课程实施中，有的教师将课程单纯视为教学内容的变革和教材调整，认为只要把新的知识结构教给学生就完成了新课程赋予的使命；有的教师将新课程的实施单纯视作课堂教学方法的重新调整，认为只要教学上体现出新课程的要求就可以了；还有的教师将课堂上学生的参与当作新课程实施的典型体现，认为只要在课堂上和学生互动了，新课程的要求也就实现了……凡此种种，都反映出一些教师对新课程改革认识上的偏颇，导致的结果是课堂并没有真正活起来、动起来，学生的学习方式并没有得到真正的改变，学生的生活世界并没有真正受到关注，学生的生命价值并没有得到真正的体现。

　　其实，新课程改革不是换一套教科书，而是教育领域一次深层次的彻底革命。这场以转变教学理念为先导，以课堂教学改革为核心，以提高教师素质为突破口，以转变教学方式为手段，以"一切为了学生发展"为目标的全面改革，旨在通过培养学生的创新精神和实践能力，全面推进和实施素质教育。新课程改革将改变学生的学习生活，也将改变老师的工作方式、生活方式乃至生存方式。老师的角色已变成学生学习的促进者、引导者、教育教学的研究者、课程和开发者和创建者。所以说，新课程对广大教师来说，既是机遇，又是挑战，教师能不能明确意识到自己面临的机遇和挑战，能不能做出积极的回应和改变，能不能尽快走进新课程，是新课程能不能顺利实施的根本保证。

基于此，我们特别组织了国内新课程实验区示范学校的核心专家和一线教师编写了"新课程怎么教"丛书。这套丛书以初中新课程标准为主，旨在为中学教师实施新课程提供一个创造性的平台，引导教师把新课程的理念落实到每一个教学活动中、落实到每一个学生的身上；帮助教师根据教学目标设计各具特色的教学活动；为教师提供丰富的课程资源；为教师科学地运用评价功能，提出多元的方法和可操作性的建议。丛书具有以下显著特点：

一是理念新。课程改革，首先是更新教育教学理念的问题。理念新了，以理念为基础形成的教学方法及其体系才能适应新课程的要求。那么，新课程是建构在哪些新理念之上呢？这些新理念与传统的教育教学理念有什么关系呢？教学实践中，我们又要怎样贯彻落实这些理念呢？本套丛书以现代教学理论为基础，结合实验区教学实践通俗易懂地回答了上述问题。

二是内容新。它与新课程实验息息相通，采集援引了大量的新课程实验区的鲜活的教学案例，这些案例用最生动的材料记录了在实验一线的教师的思考，尤其是教学过程实施的具体方式，是一份很难得的关于中国基础教育课程改革的参考文档。

总之，本套丛书既是新课程的理论探索和实践操作的高度融合；又是教育科学性与艺术性的高度统一；更是全国各实验区教师对新课程探索实践的智慧结晶，具有全面、系统、通俗、实用、操作性强之特点。

当然，由于时间仓促，以及理论研究本身的不足，这套供广大中学教师使用的丛书难免存在谬误之处，敬请学界同行和广大教师批评指正，以便我们不断修订完善。

最后，让我们共同期待"新课程怎么教"丛书，对广大教师理解新课程，走进新课程，提高教学水平发挥出积极作用！新课程需要我们共同学习，不断探索，勇于创新实践，才能不断完善！

前　言

作为一位刚刚参加工作的老师，您是否很幸运地有一位经验丰富、乐于指导年轻老师的师傅？

您的师傅是否既熟悉以往的旧教材，又有能很好地接受新教材的理念？

您是否经常发挥自己熟悉计算机、熟悉网络的优势，下载各种教案和课件？

作为一位刚刚参加工作的老师，如果上述问题您的回答都是"是"，那么您是否觉得有了以上的资源和优势，您对于新课程已经可以很好地把握了？

在这本书里，我们希望和各位交流的就是新课程如何教的问题。

2001年，教育部下发了《基础教育课程改革纲要（试行）》，2010年《国家中长期教育改革和发展规划纲要（2010～2020年）》出台，这一系列政策文件明确了我国基础教育改革的方向。在这些文件中都提到"育人为本"是教育工作的根本要求，要求"生为主体，师为主导"，充分发挥学生的主动性，教师要关心每个学生，促进每个学生主动地、健康地发展；尊重教育规律和学生身心发展规律，为每个学生提供适合的教育。那么如何做到呢？在我们的备课、上课、课后辅导中如何体现呢？

说得再详细些，以备课为例，我们都说要"备学生"，那么请问，有几节课，在上课前，你就对学生已有的认知了然于胸了呢？

从小学的自然课起，学生就开始接触化学了！有一位教师提问学生，当一位学生答对后，老师问她："你是怎么知道的？"老师的预期答案是"猜的"或"课前预习了"，而学生的回答很直接："小学学过。"

那么我们是否应该经常问问自己：学生如果没学过某部分内容，对于他们的最不利的影响是什么？这种不利影响可能体现在随之而来的考试成绩上，这是一目了然的结果。还有没有其他影响？学生是否会形成知识漏洞？是否会失去一次重要的能力培养的机会？在情感、态度、价值观等方面是否有缺失？

我们的初中化学教育在新课程改革思想的指导下，已经从重视知识和技能的灌输转型为重视能力和思维方式的过程性培养。将学生带进一个真实的化学世界，在提高学生科学素养的同时，培养他们利用所学化学知识解决实际问题的能力是我们化学教师的责任。

因此，缺课同学缺少的是"过程"——知识获得的过程体验。如果缺课同学缺失的是一节实验探究课，那么在知识上，他能不能弥补呢？很显然是可以的。以质量守恒定律一节为例，学生说"做实验之前，自己只是觉得化学反应前后反应物的质量总和与生成物的质量总和应该是相等或者可能是相等的，但还有些将信将疑，亲自做了实验之后就真信了"。

实验就是实验，让学生亲自设计并实施实验是不会没有意义和价值的。当我们创造某种时空条件鼓励学生与客观事物发生直接的接触和相互作用，我们有可能改变他的原有认识方式，触及他的灵魂。①

因此说在我们的备课以及上课过程中要注重的是学生学习的"过程"设计。无论学习的内容是物理性质还是化学性质，是概念还是计算，都要让学生参与到"过程"中来。

我们选取的课例有些是老师们的公开课教案，您可能会觉得不如您在网上搜到的教案精彩。是的！但是，您是否体验过，某些在全国获奖，尤其是获得一等奖的教案，如果没有人指导，您很难在自己的课堂上实现？有些比赛的视频您看后可能觉得很好，但在自己任教的班级试讲后，可能会发现有"后遗症"。因此我们依据的原则是提供有更广泛的实用性、适用性的课例，是常态课的课例，在此基础上与各位交流。希望年轻老师，尤其是刚刚参加工作的年轻老师能够体会"教有定法"这一过程，以此为起点，向"教无定法"迈进！

最后一句话是大家都会说的，但请相信我们，我们说的更加真诚：水平有限，敬请指正！祝愿您的教师生涯越来越精彩！

---

① 引自北京师范大学王磊教授《多角度透析"质量守恒定律"课堂教学》一文。

目录 CONTENTS

上 篇

走进新课程，学有用的化学

1. 新课程与旧课程究竟有什么不同？

核心是教育理念的不同，新课程以提高国民素质为宗旨，以学生发展为本，更强调人格的培养和生存能力的培养。

新的基础教育课程体系，以培养创新精神和实践能力为重点，强调课程要促进每个学生身心健康发展，培养良好品德，强调基础教育要满足每个学生终生发展的需要，培养学生终身学习的愿望和能力。

2. 新课程改革要改变什么？

改变原有的教材内容和形式，改变原有的教学方式，改变原有的评价功能等，使师生角色发生变化，教师不再是简单的知识传授者，学生成为学习的主人，教师将扮演学习的引领者、组织者、合作者等角色。

基础教育改革的目标是：

①改变课程过于注重知识传授的影响，强调形成积极主动的学习态度，使获得基础知识与基本技能的过程同时成为学会学习和形成正确价值观的过程。

②改变课程结构过于强调学科本位的状况，使课程结构具有均衡性、综合性、选择性的特点。

③改变课程内容繁、难、偏、旧和偏重书本知识的现状，加强课程内容与学生生活以及现代社会科技发展的联系，关注学生的学习兴趣和经验，精选终身学习必备的基础知识和技能。

④改变课程实施过于强调接受学习、死记硬背、机械训练的状况，倡导学生主动参与、乐于探究、勤于动手，培养学生搜集和处理信息的能力，获取新知识的能力，分析和解决问题的能力，以及交流与合作的能力。

⑤改变课程评价过分强调评价的甄别与选拔功能的状况，发挥评价促进学生发展、教师提高和改进教学实践的功能。

⑥改变课程管理过于集中的状况，实行国家、地方、学校三级课程管理，增强课程对地方、学校及学生的适应性。

3. 新课程改革的核心任务是什么？

新课程改革的核心任务是改变学生的学习方式。

新课程要改变"师讲生受"的传统方法，倡导教师创设能够引导学生主动参与的教育活动，营造师生互动、生生互动的交互学习方式；鼓励学生向教师质疑，与教师进行平等的对话与交流；倡导学生之间为促进学习而进行的各种讨论，改变过分注重记忆、被动模仿的学习倾向，把自主探究与合作交流作为重要的学习方式。

4. 新课程的学生培养目标与课程目标有什么联系？

新课程的培养目标是以"关注人的发展"为基础，培养具有世界眼光的公民。为了使新课程培养目标落实到课程中，将课程总目标分解出知识与技能、过程与方法、情感态度与价值观三个分目标。

《基础教育课程改革纲要（试行）》中指出，新课程的培养目标可以概括为"六个具有"和"一个初步形成"，强调要使学生：

①具有爱国主义、集体主义精神，热爱社会主义，继承和发扬中华民族的优秀传统和革命传统；

②具有社会主义民主法制意识，遵守国家法律和社会公德；

③初步形成正确的世界观、人生观、价值观；

④具有社会责任感，努力为人民服务；

⑤具有初步的创新精神、实践能力、科学和人文素养以及环境意识；

⑥具有适应终身学习的基础知识、基本技能和方法；

⑦具有健康的体魄和良好的心理素质，养成健康的审美情趣和生活方式，成为有理想、有道德、有文化、有纪律的一代新人。

5. 新课程标准与传统的教学大纲有什么区别？

新课程标准比传统的教学大纲在教学过程和结果评价中，对教师更具有指导性，更具体，更容易操作。

传统的教学大纲较多以学科体系为中心来表述学科的知识点和教学要求。对能力和教学要求往往采用"初步了解"、"理解"、"掌握"、"运用"等抽象的方式，对教师具体了解学生应达到什么程度缺乏明确的指导。新课程改革力图通过新课程标准形式，在学生知识、技能、态度、能力的发展方面具体化，从而明确制定我国基础教育各门课程的基本标准，初步建立起我国基础教育的课程标准体系。

①在课程目标上，要求从知识到技能、过程与方法、情感态度与价值观等多方面设计具体的课程。

②在课程内容上，注意密切联系学生的生活和经验以及社会、科学发展的现实，强调学生经验、学科知识和社会发展三方面内容的整合。

③在课程要求上，课程标准不仅仅结合知识点明确具体的结果性目标，每个学科都结合本学科的特点，明确提出了一系列过程性目标、体验性目标，以期学生在获得知识的同时学会学习，并形成正确的价值观。课程标准还对教学过程、教材编写和学生学习质量的评估明确了具体要求。

6. 新课程的学习评价与传统的教学评价有什么不同？

新课程标准下的评价是给学生以自信的评价，是发现闪光点的评价；而传统的教学评价更强调分数，更强调对学生的甄别。

以往的评价，往往在阶段或整个学习结束后，进行一次书面测验或考试，其卷面分数就代表了学生的学习结果。

课程标准指出："学习的评价，既要关注学习结果，也要关注学习过程，以及情感、态度、行为的变化。"强调：

①评价功能从注重甄别与选拔转向激励、反馈与调整。

②评价内容从过分注重学业成绩转向注重多方面发展的潜能。

③评价技术从过分强调量化转向更加重视质的分析。

④评价主体从单一转向多元。

⑤评价角度从终结性转向过程性、发展性，更加关注学生的个别差异。

⑥评价方式更多的采取诸如观察、面谈、调查、作品展示、项目活动报告等开放的及多样化的方式，而不仅仅依靠笔试的结果，更多地关注学生的现状、潜力和发展趋势。

⑦新的评价方式力求评价指示简明、方法易行、具有可操作性。

7. 化学课程改革的基本理念是什么？

新课程改革的核心理念为：让所有同学都得到发展；让每一个同学都得到全面发展。

化学课程标准指出：

①让每一个学生以轻松愉快地心情去认识多姿多彩、与人类息息相关的化学，积极探究化学变化的奥秘，形成持续的化学学习兴趣，增强学好化学的自信心。

②给每一个学生提供平等的学习机会，使他们都能具备适应现代生活及未来社会所必需的化学知识、技能、方法和态度，具备适应未来生存和发展所必备的科学素养，同时又注意使不同水平的学生都能在原有基础上得到良好的发展。

③注意从学生已有的经验出发，让他们在熟悉的生活情景中感受化学的重要性，了解化学与日常生活的密切关系，逐步学会分析和解决与化学有关的一些简单的实际问题。

④让学生有更多的机会主动地体验探究过程，在知识的形成、联系、应用过程中养成科学的态度，获得科学的方法，在"做科学"的探究实践中逐步形成终身学习的意识和能力。

⑤使学生初步了解化学对人类文明发展的巨大贡献，认识化学在实现人与自然和谐共处、促进人类和社会可持续发展中的地位和作用，相信化学为实现人类更美好的未来将继续发挥它的重大作用。

⑥为每一个学生的发展提供多样化的学习评价方式。既考核学生掌握知识、技能的程度，又注重评价学生的科学探究能力和实践能力，还要关注学生在情感态度与价值观方面的发展。在学习过程中，力求使更多的学生学会反思和自我评价。

总之，从学生的实际情况出发，因材施教，让每一个学生都轻松学化学，愉快地学化学，把所学知识与日常生活相联系，在学习中体验探究过程，培养学习的意识和能力，为每一个学生的发展提供多样化的评价方式，让每一个学生学有所得，全面发展。

8. 化学新课程如何实现每个人的全面发展？

化学课程通过化学知识与技能、过程与方法、情感态度与价值观等三个方面的实施来达到学生全面素质培养的目标。

实现学生的全面发展，具体做法为：

①利用拓宽阅读拓宽学生的知识面。

拓展阅读能够巩固课堂教学的成果；拓展阅读能够锻炼学生思维；拓展阅读能够提高阅读能力、语言表达和感悟能力，提高人文素养和科学素养。

②利用媒体丰富学生知识以及提高解决问题的能力。

化学课对刚进入九年级的学生而言，总是以为化学与生活格格不入，难以将所学的化学知识应用于平时的生活实际之中，因此在教学中引入一些相关录像，如：液氮的应用、参观污水处理厂、参观自来水厂、不同材料引灾与自救、火灾逃生、科学探索、发明与生活等相关知识，可以提高学生兴趣，对化学知识易于接受。

多媒体计算机提供的外部刺激不是单一的刺激，而是多种感官的综合这对于知识的获取和保持，是非常重要的。

③利用科学探究培养学生学习能力。

④用自主、合作的学习方法提高学生的科学素养。

同样的教学内容如果设计方法不同，学生的学习效果就会完全不一样，当前的教学中我们没有再使用教师的教案，而是将教案和学生的学案融为一体，教和学融合在一起，学习效果显著。

⑤在化学教学中必须渗透思想道德教育。

实施素质教育，首先应加强思想道德素质教育。即要加强爱国主义和加强辩证唯物主义教育，使学生树立正确的世界观、人生观和价值观。

⑥知识要贴近生活，培养学生的化学兴趣；知识要贴近生活，提高学生对化学的理解力。

"兴趣是最好的老师"，学生在学习活动中，对自己感兴趣的现象、原理、规律等，总是积极、主动地去认识、探究。因此，在教学中，应设法激起学生的学习兴趣，以诱发学生的探究动机。

9. 如何改变化学学习方式？

我们要搞清楚为什么要改变化学学习方式。我们从现实状况和理论分析两个方面探讨这一问题。目前我国中学生的化学学习方式仍然存在以教师讲授为主、以机械记忆为主、以书本内容为主的学习方式。而现代教育理论认为，学生是化学学习的"主体"不是"客体"。积极主动的化学学习，才是有效的化学学习。正如有人所说的那样：你可以把马牵到河边，但你永远无法强迫马饮水。

①利用化学实验，引导学生进行探究性学习。

探究式学习方式是指从学科领域或现实社会生活中选择和确定研究主题，在教学中创设一种类似于学术（或科学）研究的情境，通过学生自主、独立地发现问题、实验、操作、调查、搜集与处理信息、表达与交流等探索活动，获得知识、技能、情感与态度的发展，特别是探索精神和创新能力的发展的学习方式和学习过程。经历探究过程以获得理智能力发展和深层次的情感体验，建构知识，掌握解决问题的方法，是探究学习要达到的三个目标。在化学学科可进行探究性、研究性学习的实践。

A. 改验证性实验为探索性实验。

如确定过氧化钠与水反应的产物。首先引导学生设计实验方案，学生分小组讨论（预测方案的可实现性），然后实验探究。实验中逐步提出问题：实验中有气泡产生，产生的气体是什么？该怎样探究？实验中的液体，主要是什么？又该怎样探究？从而激发学生探究热情。

B. 将某些问题设计为探索性实验。

如用滴管将新制的饱和氯水慢慢滴入含酚酞的氢氧化钠稀溶液中，当滴到最后一滴，红色突然褪去，思考产生上述现象的原因。学生可能提出两种假设（原因可能是溶液碱性减弱或过量氯水中次氯酸将变红的酚酞漂白），然后引导学生设计实验方案，进行实验探究，得出结论。

C. 对常规装置用途，进行实验探究以及利用课外时间指导学生研究性活动。

充分利用课外时间，指导学生搞好研究性学习活动。如关于"水"的课题的研究，可从以下方面考虑：水的用途、水的污染及防治、节约用水、水的硬度检测、降低水硬度的方法等，这样可激发学生的参与意识，培养学生在化学学习中形成创新精神和实践能力。下面是一个中学生自主制订的研究性学习方案的案例。

1. 课题的名称：关于食物垃圾的产生和作用的思考

2. 为完成课题采取怎样的形式为好。（调查、咨询、实验等活动）

（1）我们获取食物的途径。

a. 从环境角度：调查研究生产环境、农业、水产业、养殖业等。

b. 从垃圾问题出发，调查流通领域：商品的规格化和垃圾，超级市场、24 小时店中的垃圾量。

（2）关于家庭中的食物垃圾。（以自己家为对象）

a. 通过实际操作，观察食物材料中产生垃圾的比例大小。

b. 分析购买的食物材料和它的可利用比例。

c. 分析剩饭的量及比例。

（3）调查饮食店和大饭店倒出的剩饭数量不断增加的原因。

（4）思考食物垃圾的利用方法。

3. 保证课题研究顺利进行的必要条件。（资料、时间、经费、人力、社会团体、实验、范围）

（1）资料：佐野县《日本的垃圾》，文库 1997 年。

（2）调查、取材地：农家、养殖者、销售市场（包括饭店）。

（3）通过文献明确访谈调查项目。

（4）统计资料、问卷、录音设备、照相机、地图。

4．活动计划（略）

在实际中可参照上例指导学生确定研究性方案进行研究性学习活动。

②自主学习方式

是指教学条件下的学生高品质的学习。所有能有效地促进学生发展的学习，都一定是自主学习。只有那些能够激发学生强烈的学习需要与兴趣的教学，那些能够带给学生思维的挑战的教学，那些在教学内容上能够切入并丰富学生经验系统的教学，那些能够使学生获得积极的、深层次体验的教学，那些能给学生足够自主的空间、足够活动的机会的教学，那些真正做到"以参与求体验，以创新求发展"的教学，才能有效地增进学生的发展。

③合作学习方式

它有以下几个方面的要素：积极的相互支持、配合，特别是面对面的促进性的互动；积极承担在完成共同任务中个人的责任；期望所有的学生进行有效的沟通，建立并维护小组成员之间的互相信任，有效地解决组内的内部冲突；对于个人完成的任务进行小组加工；对共同活动的成效进行评估，寻求提高其有效性的途径。而合作动机和个人责任，是合作学习产生良好教学效果的关键。合作学习将个人之间的竞争转化为小组之间的竞争，有助于培养学生合作的精神和竞争意识；有助于因材施教，可以弥补一个教师面向有差异的众多学生的教学的不足，从而真正实现使每个学生都能得到发展的目标。

10．什么是化学教学模式的开放性？

课程一般都是通过教学来实施的。其中，化学教学模式的运用至关重要。所谓化学教学模式是经过理论概括、赋予典型意义、能用图式表达、便于推广操作、具有开放性特征的教学范式。

化学教学模式的开放性是指在某个主导模式下的教学方法的多样性、

兼容性、灵活性，也指多种模式的交叉性、互通性、变化性，包括活动的、讨论的、探究的、合作的、发现的、专题的、范例的（案例的）教学模式等，只要有利于学生学化学，都可以在课程中应用。其目的是解放学生的脑，让其自由思考；解放学生的口，让其自由讲；解放学生的手，让其自由做。

为了适应化学课程改革，胜任全日制义务教育阶段的教学工作，化学教师要特别关注化学课程改革的基本趋势，这对于化学课程的实施是极其重要的。新课程标准下的化学课程表现出新的特点和趋向是：

化学课程目标——化学课程以提高学生的科学素养为主旨；

化学课程内容——适应现代社会生活所必需的化学基础知识；

化学学习方式——倡导以科学探究为主的多样化的学习方式；

化学学习评价——为每一个学生的发展提供多样化的学习评价方式。

中 篇

经典教学课例

1．科学探究

课例 1　走进化学实验室

一、课题

人教版九年级上第一单元课题 3　走进化学实验室

二、内容标准

化学课程要求学生遵守化学实验室的规则，初步形成良好的实验工作习惯。能进行药品的取用、加热等基本的实验操作。

三、教材分析

在学习本课之前，学生已经学过了两个课题，课题 1 为物质的变化和性质，课题 2 为化学是一门以实验为基础的科学。通过前两个课题的学习，知道了物质的性质分为物理性质和化学性质，有新物质生成的变化是化学变化等知识；知道了化学这门科学的起源、应用以及将来的发展都离不开实验。因此要学化学需要从实验学起。本节介绍了化学实验的基本知识和基本操作，为进一步学习化学知识作了铺垫。

四、学情分析

学生在参与了课题 2 中的两个探究活动后，对化学实验的重要性已有初步的亲身体验，此时，不失时机地引导学生走进化学实验室，是符合学生的心理特点的。

五、教学目标

1. 知识与技能

（1）知道化学实验是进行科学探究的重要手段，严谨的科学态度、正确的实验原理和操作方法是实验成功的关键。

（2）能进行药品的取用、加热、洗涤仪器等基本实验操作。

2. 过程与方法

（1）学会运用观察、实验等方法获取信息。

（2）能用文字和化学语言表述有关的信息，并用比较、归纳等方法对获取的信息进行加工。

（3）初步养成良好的实验习惯。

3. 情感、态度和价值观

（1）增强对化学现象的好奇心和探究欲，发展学习化学的兴趣。

（2）发展勤于思考、严谨求实、勇于实践的科学精神。

六、教学重点

化学实验基本操作。

七、教学难点

引导学生主动参与科学探究的过程。

八、教学方法

1. 导学案法：对所学知识梳理、总结、反馈。

2. 实验探究法：通过实验探究固液药品的取用，酒精灯焰心、内焰和外焰的温度高低等，从探究中发现问题，分析问题，从而提高学生解决问题的能力。

3. 合作学习法：让学生在讨论交流中取长补短，培养学生的合作与竞争意识。

九、教学过程

教学流程	教师活动	学生活动	设计意图
导入	1.（先组织学生参观化学实验室）将全班同学分成四个小组进行结果汇报： 1组观察实验室的布局，仔细阅读墙上的张贴物。 2组进实验准备室，仔细记录在准备室里看见的主要仪器。 3组进入药品贮放室，仔细观察药品是怎么贮存的。 4组参观贮放易燃、易爆、有毒物品的设备记录危险品标志。	1组：实验室规则。 2组：试管、试管夹、玻璃棒、酒精灯、胶头滴管、滴瓶、铁架台等。 3组：图片展示。 4组：图片展示。	学生亲身经历得出结论，实践出真知。
	板书课题3 走进化学实验室		
	实验室的各种仪器在使用时都有一定的规则。为使我们能正确、快速、安全地进行实验并获得可靠的实验结果，我们就必须学会用正确的方法来对它们进行操作。	过渡	

中 篇 经典教学课例

教学流程	教师活动	学生活动	设计意图
	板书: 化学实验基本操作 一、药品的取用	学生记录	
科学探究（一）	1. 要将大理石放入试管内而不打破试管底，应如何操作？应用什么仪器取用？ 2. 如何将碳酸钠粉末放入试管内而不沾在试管壁上？应使用什么仪器？	学生自己动手做实验，并得出结论。	通过实验探究，促进主动思考、锻炼交流讨论、合作能力。
导学案总结	1. 固体药品的取用 (1) 固体药品通常保存在_____，取用固体药品用_____。有些块状固体应用_____取。用过的药匙或镊子要立刻_____以备下次再用。 (2) 把密度较大的块状固体或金属颗粒放入玻璃容器时，应先把容器_____，把_____，再把容器_____。 (3) 往试管内装入固体药品时，可先使试管_____，把盛有药品的药匙（或纸槽）小心送至_____，然后_____。	1. (1) 广口瓶，药匙，镊子，清理干净 (2) 横放，药品或金属颗粒送到容器口后，慢慢地竖立起来 (3) 倾斜，试管底部，试管直立起来。	培养学生归纳总结的能力，培养学生阅读能力。
科学探究（二） 问题探究	(1) 回忆日常生活中，我们怎样将一种饮料从瓶子倒到杯子中而不滴洒？ (2) 如何将稀盐酸倒入试管内？ (3) 细口瓶的瓶塞为什么要倒放在桌子上？倾倒液体时，瓶口为什么要紧挨着试管口？应快速倒还是缓慢地倒？拿细口瓶倾倒时，为什么细口瓶贴标签的一面要朝向手心？倾倒液体后，为什么要立即盖紧瓶塞，并把瓶子放回？ 参考教材P19～P20	分组讨论得出结论。 (1) 沿杯子壁慢慢倒入。 (2) 倾倒法或者用胶头滴管滴入。 (3) 防止污染；防止液体溢出；缓慢倒；防止标签被腐蚀；防止试剂挥发。	通过分组讨论培养学生分析解决问题的能力。

教学流程	教师活动	学生活动	设计意图
科学探究（二）实验探究	(1) 取三支试管，各加入3毫升的水，分别放在酒精灯火焰上方3厘米、灯芯、外焰上加热，记录加热的水沸腾分别所需的时间。 (2) 用量筒取2毫升的氢氧化钠溶液于试管中，用滴管滴入硫酸铜溶液，观察、记录现象，再加热试管里的液体，观察现象。	学生自己动手做实验。	让学生在实践中探索，在活动中体验，在尝试中感悟。
导学案总结	2. 液体药品的取用： 液体药品一般放在_____。 (1) 取用一定量的液体药品，常用_____体积。量液时，量筒必须_____，视线要与量筒内_____，再读取液体的_____。仰视读数比实际值_____，俯视读数比实际值_____ (2) 胶头滴管的使用。取用少量的液体可用_____，取液后的滴管，应保持橡胶乳头在_____，不要_____或_____；不要把滴管放在_____以免_____。用过的胶头滴管应立即用_____以备再用。 实验1-3，观察现象。 <table><tr><td>实验</td><td>现象</td></tr><tr><td>Na₂CO₃ 加入盐酸中</td><td>有_____产生</td></tr><tr><td>锌粒加入盐酸中</td><td>块状固体_____，有_____产生</td></tr></table>	2. 细口瓶里 (1) 量筒量出，放平，液体的凹液面的最低处保持水平，体积，小，大。 (2) 胶头滴管，上，平放，倒置，放在实验台，其他地方，玷污滴管，清水清洗干净。 (3) 无色无味气体产生；溶解，有无色无味气体生成	培养学生归纳总结的能力

中 篇 经典教学课例

教学流程	教师活动	学生活动	设计意图
科学探究 (三) 问题探究	[过渡] 我们在研究物质的性质和变化时，除了要考虑它们在常温下的变化外，还常常要考虑它们在高温下的变化，这就需要给物质加热。		过渡
	板书：二、物质的加热	学生记录	
	实验室给物质加热的仪器有多种，其中最常用的是酒精灯。		过渡
	板书 1. 酒精灯的使用方法	学生记录	
	(1) 播放"酒精灯不正确使用可能引起的后患"的录像。 (2) 结合课本学生总结酒精灯使用注意事项。	学生从添加酒精、点燃、熄灭等方面得出结论。	培养学生观察能力，总结能力。
导学案 总结	1. 酒精灯的使用。 (1) 绝对禁止向燃着的酒精灯里添加_____，绝对禁止用燃着的酒精灯去_____另一只酒精灯。熄灭酒精灯用_____，不可用_____，洒在台面上的酒精着火应立即用_____去扑盖。	1. (1) 酒精，点燃，灯冒，嘴吹，湿抹布。	
科学探究 (三) 实验探究	酒精灯焰心、内焰和外焰温度高低的比较。 点燃酒精灯，仔细观察火焰的分层情况。取一根火柴梗，拿住一端迅速平放入火焰中，约 1s～2s 后取出，观察，处在火焰哪一层的火柴梗最先碳化？哪一层的火焰温度最高？用酒精灯加热时，应该用哪一层火焰加热？	学生自己进行实验得出结论。	培养学生实验能力。
导学案 总结	(2) 酒精灯的火焰分为 _____、_____、_____。其中_____温度最高。因此应用它进行加热。	(2) 焰心，内焰，外焰	培养学生归纳总结能力

教学流程	教师活动	学生活动	设计意图
科学探究（四）实验探究	取三支试管，各加入 3ml 水。将其中一支试管的底部放在酒精灯火焰上方约 3cm 处加热，将另一支试管的底部与灯芯接触加热，第三支试管的底部放在外焰部分加热，记录上述三种情况下将水加热至沸腾时所需的时间。由此实验你能得出什么结论？ (1) 加热试管里的液体时，能否将试管口对着人？为什么？ (2) 如果试管外壁有水的话，能否不擦干直接加热？为什么？ (3) 将液体加热至沸腾的试管，能否立即用冷水冲洗？为什么？ (4) 如何给试管中的液体进行预热？归纳给物质加热的方法。	学生分组独立完成实验，并对老师提出的问题进行小组讨论，得出正确结论。	通过实验探究，促进主动思考，锻炼交流讨论、合作能力
导学案总结	2. (1) 给试管中的固体药品加热时，试管口应略____倾斜。给试管中的液体药品加热时，应使用____，并注意液体的体积不得超过试管容积的____，试管口不准对着____和____，试管要倾斜与桌面约成____角，并不时地上下移动试管，以免试管里的液体沸腾喷出伤人。用试管给药品加热，都应选擦干试管外壁的____。用酒精灯先使试管____受热，而后用酒精灯的____部分固定在药品部位加热。注意试管底部不要跟____接触。	2. (1) 向下，试管夹，1/3，自己，他人，45°，水，均匀，外焰，灯芯	培养学生阅读的能力，和总结归纳能力。
科学探究（四）实验探究	用 10ml 量筒量取 2ml 氢氧化钠溶液，倒入试管中，然后用滴管在该试管中滴加硫酸铜溶液，观察有什么现象发生。放在酒精灯上加热，观察有什么现象发生。	学生分组实验，练习液体物质的取用方法，练习物质加热的方法。	动手实践能力和观察能力

教学流程	教师活动	学生活动	设计意图
导学案 总结	<table><tr><td>实验</td><td>现象</td></tr><tr><td>在氢氧化钠溶液中 滴加硫酸铜溶液</td><td></td></tr><tr><td>加热上述物质</td><td></td></tr></table>	有蓝色沉淀生成，蓝色沉淀变为黑色沉淀。	归纳能力培养
	在本课题的实验完成以后，我们是不是就可以这样离开实验室了？	不是，我们还要洗涤仪器。	设问过渡
	板书：三、洗涤仪器	学生记录	
	阅读课本总结洗涤注意事项完成导学案。 1. 做实验必须用_____，否则会影响_____。 2. 洗涤仪器时，先_____，再_____ __振荡后_____再_____，振荡后再_____，如果内壁附有_____的物质，要用_____。 3. 玻璃仪器清洗后，如果内壁附着的水既不_____，也不_____才算干净。	阅读课本总结洗涤注意事项完成导学案。 1. 干净的仪器，实验效果 2. 倒净试管内的废液，注入半试管水，把水倒掉，不易洗掉的物质，试管刷刷洗。 3. 聚成水滴，成股流下。	培养学生阅读的能力和总结归纳能力。
实验	指导学生洗涤仪器	分组实验，把上面用到的所有仪器洗涤干净。	锻炼动手能力，对知识的反馈。
总结本课	课题3　走进化学实验室 一、药品的取用 　1. 固体药品的取用 　2. 液体药品的取用 二、物质的加热 　1. 酒精灯的使用方法 　2. 物质的加热方法 三、洗涤仪器	一起回顾本节的重点。	根据学生的认知结构，总结本课的重点。由短时记忆过渡到有效的长时记忆。

十、反思

以学生进行课堂实验探究为主，教师注重引导学生主动发现和提出问题，协助学生归纳、总结教学重、难点。学生在"问题情景——实验探究——交流讨论——归纳总结"的过程中完成知识的自行建构。在探究学习过程中，培养了学生的动手能力，使学生体会到合作的必要与快乐，促进学生之间的合作与竞争，且能对所学的内容有较深的理解和掌握。

不足之处，对学生的实验探究和小组讨论的指导再细化一些，使问题的解决更科学化；本课还可以设计其他合理的实验，增加学生的趣味性。还有本课在结束后没有反馈练习，这从学生的认知结构看，不利于知识的掌握。

十一、点评

这节课充分体现实验在化学教学中的作用，导学案对知识进行梳理落实的作用。本节课的教学体现了新课程理念，让学生进行自主式探究，在实践中获得真知。另外，在遇到问题时教师给予适当指导，有学生讨论，阅读资料总结知识，学生不仅学到了知识，更是培养了科学的学习方法。

中

篇 经典教学课例

课例2　气体的检验

一、课题

人教版九年级复习课　气体的检验

二、内容标准

1. 说出空气的主要成分，知道氧气、二氧化碳的主要性质。
2. 了解从铁矿石中将铁还原出来的方法（即一氧化碳还原氧化铁）。
3. 初步学会根据某些性质检验和区分一些常见的物质。

三、教材分析

氧气和二氧化碳是初中化学研究的两种重要气体，本节课是物质检验专题复习的第一课时，以常见气体检验为载体，从单一气体检验到混合气体中成分的检验，落实物质检验的基本问题，为第二课时酸溶液、碱溶液、碳酸盐检验做方法上的铺垫。

四、学情分析

通过前面新课的学习，学生已初步掌握了常见物质的性质和用途，但利用性质解决问题的能力有待提高，对于常见单一气体的检验，能根据物质的性质选择试剂，但检验的一般程序不是很清楚，如取样与操作的关系，实验现象的描述与结论的关系，对于混合物中一种或两种物质的检验，如何排除干扰物质，选择合适的试剂、检验次序和检验的方法，存在一定的困难。

五、教学目标

1. 知识与技能

（1）通过设计实验方案检验氧气、二氧化碳、一氧化碳，进一步熟练掌握氧气、二氧化碳、一氧化碳的化学性质。

（2）能用给定的试剂或自选试剂，设计实验检验混合气体中氧气、二氧化碳、一氧化碳等常见气体。

2. 过程与方法

（1）明确物质的定性检测的着眼点在于某物质的特征性质或反应，通过一定的实验现象加以区别。

（2）通过设计实验方案检验熟悉的气体（氧气、二氧化碳、一氧化碳），初步明确物质检验的基本思路。（明确检验气体及鉴定试剂、排除干扰、不能引入待检验物质等）

3. 情感、态度和价值观

通过对熟悉气体的探究，增强对生活中化学现象的好奇心和探究欲，发展学习化学的兴趣。

六、教学重点

对解答物质检验题形成一定的分析思路和掌握一些方法。

七、教学难点

排除干扰，选择合适的试剂和合适的顺序，对多种气体的检验。

八、教学方法

以学生最熟悉的物质（氧气和二氧化碳）检验为载体，创设问题情境，采用支架式教学方法，通过问题支架、实验支架、工具支架等引导学生不断往上攀沿，层层深入，最终达到对气体检验方法与知识的整体建构。

九、教学过程

教学流程	教师活动	学生活动	设计意图
一、单一气体的检验（氧气、二氧化碳检验）	[展示]实验台有一瓶瓶口向上放置的纯净气体（初中化学常见气体）。 问题1：看到这一情景，你有怎样的想法？ 问题2：你猜测该气体可能是什么？ 问题3：利用实验台提供的仪器和药品，设计并实施实验验证你的猜想。 问题4：利用此方法检验的依据是什么？ 问题6：检验的基本程序是什么？	观察 提出可能问题：瓶中盛放的是哪种气体？ 猜想：根据气体瓶口向上放置，该气体可能是氧气、二氧化碳中的一种。 设计并实施实验：根据氧气支持燃烧、二氧化碳不支持燃烧、二氧化碳能使澄清石灰水变浑浊的性质，汇报实验情况 思考、回答	通过对学生最熟悉的物质氧气和二氧化碳的检验，使学生进一步熟练、掌握二者的化学性质。
	[小结投影] 1. 检验的依据——物质的特性 [强调]二氧化碳具有以下性质：（1）一般情况下，不能燃烧，不能支持燃烧。（2）能和水反应。（3）能和澄清石灰水反应的化学性质，其中可用于检验二氧化碳的特性是能使澄清石灰水变浑浊。 2. 检验的基本程序 观察外观——取样——加试剂——看现象。	检验的依据是：氧气、二氧化碳气的性质（氧气和二氧化碳的特性）。 观察外观——取样——加试剂——看现象	明确物质检验的依据和基本程序，为后面混合物的检验方法做铺垫。

教学流程	教师活动	学生活动	设计意图
二、混合气体中一种或几种气体的检验	[投影] 鱼鳔图片 例题2：小明对妈妈杀鱼时从鱼肚内取出的鳔产生了兴趣，他确定了"探究鳔内气体体积和成分"作为研究性学习的课题。 小明通过查阅有关资料获知：这种鱼鳔内氧气约占1/4，其余主要是二氧化碳和氮气。探究分两步进行 (1) 测量鳔内气体体积。小明设计两种方法： A：用医用注射器抽取鳔内气体，测量其体积； B：在水下刺破鳔，用排水集气法收集鳔内气体并测量其体积。 你认为这两种方法中不合理的是_____，理由：_____ (2) 探究鳔内气体的成分。给你两集气瓶的鳔内气体，请你帮助他设计实验验证假设。 [评价] 根据学生回答情况，作出评价： 1. 如何收集鱼鳔内气体样品？ 2. 为什么不能用带火星的木条检验氧气？ 3. 为什么不能用燃着的木条检验二氧化碳？ 3. 小明能否用一瓶气体样品验证鳔内含有氧气和二氧化碳？若能，请你设计实验方案。 4. 通过解决这一道题，你有哪些收获？对混合物中一种或几种物质的检验应注意什么？	观察图片 阅读学案，小组讨论、交流对问题的看法 小组讨论、回答问题 可能回答：用带火星的木条检验氧气。用燃着的木条检验二氧化碳。 由于鱼鳔中有氧气1/4，氧气支持燃烧，若用燃着的木条检验二氧化碳会受到氧气的干扰。因此应用澄清的石灰水。 应注意其他物质对实验结果的干扰。 方案一：先向集气瓶内倒入少量澄清石灰水，振荡，观察现象，再将燃着的木条深入集气瓶中，观察木条燃烧现象。 方案二：将燃着的木条深入集气瓶中，观察木条燃烧现象；再向集气瓶内倒入少量澄清石灰水，振荡，观察现象。 小组讨论、交流回答	使学生掌握混合气体中氧气和二氧化碳的检验方法，使学生进一步明确物质检验的程序、混合气体检验中方法及检验次序。

中 篇 经典教学课例

23

教学流程	教师活动	学生活动	设计意图
	[归纳与提炼] 1. 气体取样方法。 2. 混合气体中的成分检验可分为平行检验和步进检验两种方法。 3. 混合气体成分检验应注意: 选择合适的试剂和合适的顺序对多种物质的检验。前续检验不能干扰后续检验,不能引入被检物质 例题3:某课外小组的同学们在进行课外实验时,收集了含一氧化碳和二氧化碳的废气。请你设计实验验证一氧化碳和二氧化碳的存在。 [分析] 	物质	特性
---	---
二氧化碳	
一氧化碳	| (1) 设计实验检验一氧化碳和二氧化碳的存在。 |	试剂与顺序	反应方程式
---	---	---
先检验___ ____后检验____		| [投影] 步进检验装置 实验装置图:(1) [资料] 碱石灰为 NaOH 和 CaO 的固体混合物		先思考检验的依据:一氧化碳和二氧化碳的特性。 采取检验方法:平行检验和步进检验。 小组活动:根据教师提供的图片,排列出检验一氧化碳和二氧化碳所需的装置顺序,并说出理由。 1. 将气体通入澄清石灰水中,观察现象。 2. 先将气体通入足量氢氧化钠溶液,再通过灼热氧化铁和澄清石灰水,并进行尾气处理。 说出每个装置的作用。	进一步熟悉、掌握多种物质的检验思路,特别是在有干扰物质的情况下,要除尽干扰物质。前续实验不能对后续实验产生干扰,注意检验次序。

教学流程	教师活动	学生活动	设计意图
	（2） 尖嘴 废气 → 碱石灰 → 除去废气中CO₂和水蒸气 澄清石灰水 → 检验废气中是否含CO₂ [归纳] 注意其他气体对实验结果的干扰。 根据需要，可滴加过量试剂，除尽干扰气体。		
总结 归纳	氧气（或二氧化碳） ⇒ 单一气体定性检难 氧气和二氧化碳 ⇒ 混合气体定性检难 一氧化碳和二氧化碳 ⇒ 混合气体定性检难	回答： 1. 知识方面 2. 方法方面	进一步梳理物质检验的思路，落实学习目标。
板书 设计	气体检验 一、单一气体检验 1. 物质检验的依据：某物质区别于另一种或一些物质的性质——特征性质或反应，通过一定的实验现象加以区别。 2. 检验程序：观察外观——取样——加试剂——看现象。 二、混合气体检验 1. 明确检验物质，选择合适的试剂和合适的顺序对多种物质的检验。 2. 前续实验不能干扰后续检验，不能引入被检物质。 3. 若含有干扰物质，应加入过量试剂除掉，但不能引入被检物质。		

十、反思

    本节课从学生最熟悉的两种气体入手，从单一气体氧气和二氧化碳的检验开始，通过此环节的教学，复习氧气和二氧化碳的性质，使学生明确

中篇 经典教学课例

物质检验的依据和检验的步骤，层层递进，进入二氧化碳和氧气混合气体的检验，从平行检验到步进检验，触及学生的难点（混合气体检验时检验的次序和试剂的选择）。由鱼鳔内氧气和二氧化碳的步进检验使学生明确了混合气体检验的注意事项，突破了难点，进一步利用一氧化碳和二氧化碳的混合气体检验，加深了学生对混合气体检验的认识。整个教学过程较为顺利，符合学生的认知过程，但教学细节不够细腻，有些粗糙，需要改进。

十一、点评

本节课注重从学生熟悉的常见物质（氧气和二氧化碳）检验着手来创设学习情景，教师积极引导学生去发现问题，充分发挥以学生为主体，以教师为主导的教学思路。设计思路清晰，在引导学生进一步巩固知识的同时，渗透了科学方法教育。

附件

[反馈练习]

1. 小明和小红对市场上销售的一种分袋包装的蛋糕发生了兴趣，因为蛋糕包装在充满气体的小塑料袋内，袋内的气体充得鼓鼓的，看上去好像一个小"枕头"。他们认为这种充气包装技术，主要是为了使食品能够较长时间地保鲜、保质。那么，这是什么气体呢？小红猜想是氮气，小明猜想是二氧化碳。

（1）请你帮助他们设计一个简单的实验方案，来判断小明的猜想是否正确，简要写出操作步骤：＿＿＿＿＿＿＿＿＿＿＿＿＿＿＿＿＿＿＿。

（2）小明的猜想如果正确，现象应是＿＿＿＿＿＿＿＿＿＿＿＿＿＿＿＿。

（3）你认为食品充气包装，对所充气体的要求是：①＿＿＿＿＿＿②＿＿＿＿＿＿③＿＿＿＿＿＿。

2. 竹子是"有节、中空、四季常绿"的植物。同学们对竹子中的气体成分展开了探究，测定其成分。

（1）收集竹子中的气体。

小华提出：将一节竹子浸没在水中，在竹子上钻孔，用排水法收集气体。

小刚提出：可用注射器从竹子中抽取气体。

大家认为两人的想法都可行，于是分为A、B两组，在相同的条件下，A组采用小华的取气方法，B组采用小刚的取气方法，分别完成下面的实验。

（2）检验气体中是否含有二氧化碳气体。

实验步骤	实验现象	实验结论及解释
向所取气体中加入 ①	②	有二氧化碳。化学方程式为③。

（3）测定氧气含量。

查阅资料：红磷的着火点为240℃，白磷的着火点为40℃。

设计实验：同学们设计了如下图所示的方案一和方案二来测定氧气含量。

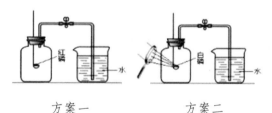

方案一　　　　　　方案二

进行实验：按上述两个方案进行多次实验。

反思与评价：

a. 实验中磷的量应为足量，原因是 ① 。

b. 两个方案的实验测定结果不同，测定结果比较准确的是方案 ② 原因是 ③ 。

c. 经过A、B两组同学的实验，A组测得的含氧量总是大于B组的，你认为原因 ④

3. 炎炎夏日，喝上一杯汽水会给我们带来清爽凉快的感觉。下图是某种雪碧汽水标签中的部分内容，小明同学通过查阅资料得知：柠檬酸是一种无色晶体，能溶于水，属于有机酸，具有酸的通性。香料、苯甲酸钠、白砂糖等不显酸性。

品名	雪碧汽水（清爽柠檬味）
配料	碳酸水（水、二氧化碳）白砂糖、柠檬酸、香料、苯甲酸钠
保质期	18个月
注意	禁止加热、避免阳光直晒

（1）以上信息中属于柠檬酸物理性质的是_____。

（2）小明想利用此种雪碧汽水和同学们进一步验证柠檬酸的酸性：

①小明首先将适量的雪碧汽水倒入一洁净的试管中，然后滴加紫色石蕊试液，发现石蕊试液变红色。据此，小明断定柠檬酸确实具有酸性。他做出这种判断的依据是_____

_____。

②小红认为小明的实验结论不够严密，她的理由是_____；她建议在原来实验的基础上再进行一步操作，即把①中已经变红的混合液体加热，若看到_____，这样就能充分证明柠檬酸确实具有酸性了。

[反馈练习答案]

1．（1）用注射器抽取袋内气体通到少量澄清石灰水（或紫色石蕊）中，观察现象。

（2）石灰水变浑浊（或紫色石蕊变红）。

（3）①无毒　②廉价　③易获得

2．（2）①澄清石灰水　②澄清石灰水变浑浊　③$Ca(OH)_2 + CO_2$
$== CaCO_3 \downarrow + H_2O$。

（3）①将瓶中氧气耗尽。②二。③方案二的实验始终在密闭装置中进行，能保持瓶内气体在反应前不发生改变（或方案一在实验过程中打开了瓶塞，瓶中的气体成分在反应前发生了改变）。④A组采用排水取气法，部分二氧化碳溶解于水）

3．（1）紫色石蕊溶液变红色；

（2）①该雪碧汽水含有碳酸，②碳酸能使紫色石蕊溶液变红色，红色不消失（$CO_2 + H_2O == H_2CO_3$）。

课例3　化学实验中的气压变化

一、课题

人教版九年级复习课　化学实验中的气压变化

二、内容标准

1. 能在教师指导下根据实验目的选择实验药品和仪器，并能安全操作。

2. 能在实验操作中注意观察和思考相结合。

3. 初步学习运用简单的装置和方法制取某些气体。

三、教材分析

化学是一门以实验为基础的自然科学。初中化学实验多是与气体有关的实验，气压的变化会对这类实验的进行与结果产生十分明显的影响。化学考题中涉及气压变化是化学与物理学科综合考查的一种形式。在初中化学学习中，有气体消耗、有气体生成，以及有热量变化的情况，在以实验题形式呈现时，往往结合着装置中的气压变化对学生进行综合实验现象分析、简单实验设计等方面的考查。在中考考试内容中，会使用和连接简单仪器、检查装置的气密性、测定空气中氧气的体积分数、制取氧气和二氧化碳、描述物质变化过程中的主要现象、以及化学基本实验的简单综合，都涉及到实验装置中的气压变化。这类考题综合性较强，对同学们的诸多能力要求较高。如信息的采集与加工、知识的运用与迁移、现象的推理与描述等能力。

中
篇
经
典
教
学
课
例

四、学情分析

学生在以往的学习中，已经多次接触到此类实验，多数能够根据具体反应判断出装置中气压的变化，但气压变化对实验现象的影响规律，学生通常没有深入的思考。因此，对于如何检查一些较陌生仪器的气密性及用多功能瓶排水集气，学生会感到吃力。对一些与气压变化有关的综合性较强的实验题目，学生分析实验现象时，也往往判断不全面。本节课的学习，可以提供给学生解决以上问题的规律和方法。

五、教学目标

1. 知识与技能
（1）强化检查装置气密性和排水集气法的原理和操作。
（2）理解初中化学实验中与气压变化有关实验的实验现象。
（3）应用所学过的化学知识，并结合气压的变化来解答有关题目。

2. 过程与方法
（1）通过现象挖掘原理，总结规律。
（2）利用规律进一步分析、解决问题。

3. 情感、态度和价值观
（1）培养学生勤于思考，应用所学知识、科学方法综合分析、解决问题的意识。
（2）在此过程中体验、发现和解决问题的乐趣。

六、教学重点

密闭容器中的气压变化对实验现象的影响规律。

七、教学难点

结合气压变化对实验现象的影响规律，进行实验现象分析、检验装置的气密性、多功能瓶的使用。

八、教学方法

问题驱动、实验验证、讨论交流。

九、教学过程

教学流程	教师活动	学生活动	设计意图
环节一：引入	[设置情境] 俗话说"人往高处走，水往低处流"。难道水就不能也向高处流吗？ [演示实验] 喷泉实验 氨气 水 止水夹 水 甲 [设疑] 为什么会有这样的现象呢？（提示：氨气极易溶于水。）引导学生从气压差的角度分析实验现象。 [过渡] 化学实验中的一些现象，是由于密闭装置中产生了气压变化而形成的。 [板书] 化学实验中的气压变化	倾听、思考，猜想、假设 观察实验现象、分析原理 回答：由于烧瓶内气体极易溶于水而使烧瓶内气压减小，水在大气压的作用下进入烧瓶中。	以有趣的实验引入，激发学生兴趣。

中 篇 经典教学课例

教学流程	教师活动	学生活动	设计意图
	问题1：哪些情况会导致密闭容器中产生气压变化？ [板书] 一、改变气压的主要方法： 容积可变时：压缩（扩大）气体体积； 容积固定时：升高（降低）温度、增加（减少）气体总量。	思考、讨论、交流 回答： 容积可变时：压缩（扩大）气体体积； 容积固定时：升高（降低）温度、增加（减少）气体总量。	
环节二：整理改变气压的方法及化学反应	问题：我们学过哪些具体的反应会使实验装置中的气压产生变化，且如何变化？ [小结]装置中产生气压变化，经常是由于相关化学反应引起的。	回忆、交流、归纳 回答： 能使密闭器中的气压变大的反应： $2KMnO_4 \xrightarrow{\text{加热}} K_2MnO_4 + MnO_2 + O_2\uparrow$ $Zn + H_2SO_4 == ZnSO_4 + H_2\uparrow$ $CaCO_3 + 2HCl == CaCl_2 + H_2O + CO_2\uparrow$ …… 能使密闭器中的气压变小的反应： $2CO + O_2 \xrightarrow{\text{点燃}} 2CO_2$ $2NaOH + CO_2 == Na_2CO_3 + H_2O$ ……	复习、整理学生的知识储备，为进一步学习做铺垫。
环节三：探寻气压变化时装置中气体（或液体）流向	[实验情境1]向试管内加入某物质后，发现U型管左侧水位下降，右侧水位上升，请推测放入试管中的物质可能是什么？请说明理由。并通过实验验证你的想法。	讨论、实验探究、交流答案，汇总思路 回答：可能是CaO、NaOH等 其溶于水时会放出热量，使瓶内气压增大，把U型管中左侧水柱向下压，导致左侧水位下降，右侧水位上升。	通过实验激发学生的学习热情，并将知识应用在具体实验情境中。

教学流程	教师活动	学生活动	设计意图
	[实验情境2] 如图所示，锥形瓶内存在物质 X（状态不限），胶头滴管内盛有液体 Y。挤压胶头滴管，让液体 Y 进入瓶中，振荡，一会儿可见套在玻璃管上的小气球 a 鼓起。请写出 X 和 Y 的一种可能组合，并通过实验验证你的想法。 [演示实验] CO_2 与 NaOH 溶液反应	讨论、交流答案，汇总思路 回答：X：CO_2 Y：NaOH X：HCl Y：NaOH ……	
	[设疑] 回顾喷泉实验及刚才两个实验的现象，分析气压变化对装置中气体（或液体）流向的影响。 [板书] 二、气压变化对实验现象的影响：使气体（或液体）向气压小的方向流动。	思考，归纳总结。 回答：装置内外产生了气压差时，气体（或液体）总是向着气压较小的方向运动。	进一步感知气压变化对实验现象的影响，形成思维方法。
环节四：气压变化在气体制备实验中的应用	[设疑] 我们在进行气体制备时，有哪些环节用到了气压变化原理？ [板书] 三、气压变化在气体制备实验中的应用。	回忆、思考、交流。 回答：检查气密性、收集气体。	把气压变化应用到实际实验中，学以致用。
	体会气压变化在检验气密性中的作用，解决实际问题。	[引导] 回顾简单装置气密性的检查方法。	回忆、发言、实验演示
	[小结] 结合气压变化对气体（或液体）流向的影响，归纳检查装置气密性的思路。	思考、交流 回答：制造密闭体系，制造气压差，观察气压较小的一方是否出现相应现象。	

中篇　经典教学课例

33

教学流程	教师活动	学生活动	设计意图
	[巩固拓展]对于图中所示陌生装置,如何检验气密性?并对此实验进行操作。	做实验、讨论、交流 回答:关闭止水夹,向长颈漏斗中加入水至形成液封,继续加水,若水面不下降,则气密性良好。	培养学生分析解决问题的能力。
	[引导]常用收集气体的方法之一是排水集气法。	倾听、回忆	
	[实验情境4]实验室要收集 O_2 时,O_2 应从____端通入。并对此实验进行操作。	思考、交流、实验 回答:从 B 端通入氧气。	体会气压变化在收集气体中的作用,解决实际问题。
	[小结]结合气压变化对气体(或液体)流向的影响,归纳用多功能瓶收集气体的思路。	思考、交流 回答:通入气体后,多功能瓶压强大于外界,流入(流出)导气管的选择与流入(流出)物质的密度相对大小一致。	
	[巩固拓展]若要用水将收集在装置的 O_2 排出进行实验时,水应从____端流入。	思考、交流 回答:从 A 端进水。	培养学生分析解决问题的能力。
环节五:布置作业	完成巩固作业 [作业1]医院给病人输氧时用到类似右图所示的装置。关于该装置,你认为:氧气钢瓶的出气口应该连接在a处还是b处? [作业2]举出1~2个生活中应用到气压变化的实例。	记录。	巩固本节课内容,并与生活相联系,提高学生的兴趣。

十、反思

本课时教学是化学基本实验复习中的一个专题。近两年来中考实验题里学科间的综合题中气压的应用很普遍，而学生理解和掌握并不容易。本节课一方面复习归纳能导致气压变化的反应和因素，更测重于通过具体实验，引导学生学会通过反应原理分析装置中的气压变化，并从中发现气压变化对实验现象影响的规律，进而再应用规律解决相关实验问题。
由于受课时限制，给学生思维呈现空间不够充分，还应掌握好如何更好地激发学生的思维活跃点。

十一、点评

本节课能够把学科的知识特点很好地体现出来，实验和习题目的明确，内容紧凑，环环相扣，明确和把握初中化学教材中"化学实验与气压变化"知识内容的前后关系，对于有序引导学生深入学习是有帮助的。并且与义务教育阶段的其他相关课程的学习相结合，教学效果良好。

中 篇 经典教学课例

2. 身边的化学物质

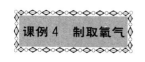

课例4 制取氧气

一、课题

人教版 九年级上 第二单元 课题3 制取氧气（一）

二、内容标准

1. 认识催化剂的重要作用。
2. 初步学习在实验室制取氧气。
3. 初步认识常见的化合反应、分解反应等。

三、教材分析

制取氧气是中学化学第一次学习气体的制备，教师要帮助学生初步形成研究气体制取的基本程序和方法，为第六单元二氧化碳制取的研究等打下基础。

本课时的教学内容是实验室制备氧气原理的比较讨论，认识到氧气来源于含氧物质的转化，建立初步的转化观和元素守恒思想。在双氧水分解生成氧气的实验探究过程中，形成对催化剂、催化作用的认识。

四、学情分析

奥苏贝尔的"有意义"学习理论认为,"新知识总是要停泊在旧知识的锚桩上"。也就是说学习的新知识一定要与旧知识进行联系。学生通过初二生物学科的学习,已经知道在自然界通过绿色植物的光合作用能够产生氧气,在课题 1 空气一节已经学习了氧化汞分解可以得到氧气,但是对于在实验室中制取氧气应该如何选择药品还没有清晰的认识。教师要根据学生学习中出现的问题给予适度的引导。

通过第一单元的学习,学生已初步具备基本的实验操作技能,通过对人体吸入的空气和呼出的气体的探究,学生对设计对比实验要控制变量也有一定的认识。教师设计了催化剂的实验探究,进一步提高学生设计对比实验的能力和基本操作能力。

五、教学目标

1. 知识与技能

(1) 了解实验室制取氧气的反应原理。

(2) 通过对过氧化氢分解实验的探究,使学生认识催化剂和催化作用。

(3) 认识分解反应。

2. 过程与方法

(1) 通过分析绿色植物的光合作用和氧化汞分解产生氧气,渗透元素守恒、转化的观点。

(2) 通过设计二氧化锰催化剂的实验,体会对照实验在科学探究中的作用,树立严谨的科学态度。

(3) 通过分析比较实验室制氧气的三个反应原理,认识分解反应并提高分析、归纳的能力。

3. 情感、态度和价值观

（1）通过学生自己设计实验方案并亲自动手做实验，增强探究欲，发展学习化学的兴趣。

（2）学以致用，根据生活中有具体情境选择制取氧气的适当试剂，体会因"时"而变的思想。

六、教学重点

实验室制取氧气的反应原理。

七、教学难点

对催化剂和催化作用概念的理解。

八、教学方法

1. 科学探究法：体验科学探究的一般过程，即提出问题——猜想与假设——设计实验——进行实验——收集证据——解释与结论。

2. 对比实验法：用对比的方法帮助学生形成催化剂的概念。

3. 归纳法：用比较和归纳的方法帮助学生形成分解反应的概念。

九、教学过程

教学流程	教师活动	学生活动	设计意图
	（一）创设情境，引出课题		
导入	［多媒体展示］氧气的用途：医疗急救、潜水登山、富氧炼钢、宇宙飞船等。用丰富真实的图片去温习氧气供给呼吸和支持燃烧对生活和生产的重要作用，明确氧气的制法是化学学习的重要内容。	看图片	温故氧气的重要应用，认识制取氧气的重要性。

教学流程	教师活动	学生活动	设计意图
活动与探究一	问题1：人类每时每刻都在消耗氧气，为什么空气中的氧气还能稳定在大约21%（体积分数）？在自然界中，如何产生氧气？ 教师给出光合作用的文字表达式。	绿色植物的光合作用能产生氧气。	分析物质的元素组成，初步形成"化学变化中元素不变"的思想。
	问题2：我们目前学习过的什么反应能产生氧气？	氧化汞分解。 氧化汞 $\xrightarrow{\text{加热}}$ 氧气＋汞	
	问题3：这两种产生氧气的反应有什么共同特点？	讨论分析后得出：反应物中都有氧元素。	
（二）小组合作，讨论实验室制取气体选择药品的依据				
活动与探究二	问题4：在实验室中怎样制取氧气？能用氧化汞分解的方法吗？ 提醒：生成物汞有毒。	师生共同总结：应该用含氧的物质去制备。	引发学生讨论实验室制取气体选择药品的依据。
	教师引导学生分析实验室取气体选择药品的依据。	讨论实验室制取气体选择药品的依据：科学可行、操作简便、环保。	让学生明确实验室制气体选择药品的原则。
	展示讲述：实验室里常使用过氧化氢溶液、氯酸钾、高锰酸钾等含氧物质制取氧气。	识记这三种物质的名称、化学式、颜色状态。	认识实验室制备氧气的药品。
演示实验	用过氧化氢溶液制氧气并检验生成物		通过演示实验，提出问题，引出活动与探究三
（三）科学探究二氧化锰的作用，形成催化剂的概念。				

中篇 经典教学课例

39

教学流程	教师活动	学生活动	设计意图
活动与探究三	设问1：为什么要加入二氧化锰？它在这个反应中起什么作用？	分组讨论： 猜想1：二氧化锰能放出氧气，加入它能放出更多的氧气。 猜想2：二氧化锰在这个反应中有特殊作用，加入它能加快过氧化氢反应放出氧气的速率。 猜想3：二氧化锰是反应物，加入它与过氧化氢反应放出氧气。	体验科学探究的一般过程：提出问题——猜想与假设——设计实验——进行实验——收集证据——解释与结论。同时培养学生表达、交流的能力和合作学习的能力。
	设问2：如何设计实验来验证假设？	分组讨论，达成一致。 验证猜想1：在试管中放入适量二氧化锰，用带火星的木条检验。 验证猜想2：常温时在盛有过氧化氢溶液的试管中伸入带火星的木条检验，加入少量二氧化锰后，再伸入带火星的木条检验。 验证猜想3：称取2克二氧化锰加入等量过氧化氢溶液中，反应停止后，把上述反应后的液体过滤、烘干后称量，观察质量是否变化。	
	巡回指导	分组实验，记录现象	
	分析实验现象，得出结论：二氧化锰的质量在反应前后没有改变，不是反应物，但它能加快过氧化氢分解的速率，而且能重复使用，说明化学性质在反应前后也没有改变。像这样的物质就叫催化剂（又叫触媒）。催化剂在化学反应中所起的作用叫催化作用。	倾听，理解	提高学生分析问题的能力。

教学流程	教师活动	学生活动	设计意图
	设问3：橡胶老化、食物变质等我们不希望发生的反应怎么办？能加入催化剂吗？ 举例：食用油中加入催化剂防止酸败，橡胶防老剂等。	学生回答：不能。	发现学生头脑中的片面概念，及时给予纠正，帮助形成全面正确的概念，并培养学生用辩证的观点看待化学反应。
	归纳： 催化剂：在化学反应中能改变其他物质的反应速率，而本身的质量和化学性质在反应前后都没有变化的物质。	理解： 概念要点："一"变 　　　　　　"二"不变	
	（四）比较归纳，认识分解反应		
	实验室制氧气的反应原理： 过氧化氢 $\xrightarrow{\text{二氧化碳}}$ 水＋氧气 高锰酸钾 $\xrightarrow{\text{加热}}$ 锰酸钾＋二氧化锰＋氧气 氯酸钾 $\xrightarrow[\text{加热}]{\text{二氧化锰}}$ 氧气＋氯化钾 在教师引导下从反应物和生成物种类多少的角度比较这三个反应，都是"一"变"多"，从而归纳出分解反应的概念：由一种反应物生成两种或两种以上其他物质的反应。	用比较和归纳的方法帮助学生形成分解反应的概念。提高比较分析、归纳概括的能力	
	（五）学以致用、拓展提高		
	教师补充能得到氧气的反应： 过氧化钙与水反应可缓慢持续放出氧气。 常温下过氧化钠固体与二氧化碳反应生成氧气。 [多媒体展示防毒面具和鱼池的图片] 问题：以上两种情况应选择哪种药品来提供氧气？ 对学生的回答进行点评，并投影真实应用。	（1）总结能得到氧气的反应：加热高锰酸钾； 分解过氧化氢溶液； 加热氯酸钾； 讨论后回答： 情境1：化学生氧式防毒面具中应该选择过氧化钙，因为它常温下能与人呼出的二氧化碳气体反应产生氧气，方便快捷。 情境2：鱼池中应该选择过氧化钙做增氧剂，因为过氧化钙与水反应可缓慢持续放出氧气。	根据生活中具体情境中选择制取氧气的适当试剂，体会因"时"而变的思想。让学生体验到化学对社会和生活的重要作用。

中

篇　经典教学课例

教学流程	教师活动	学生活动	设计意图
（六）总结本课	说一说你的收获，还有哪些困惑？ 我们的困惑将在下一节课解决。	学生总结出本节课收获： 1. 了解实验室制取氧气的原理。 2. 认识了催化剂和催化作用。 3. 认识了分解反应。 4. 学习了科学探究的方法等。 学生说困惑： 1. 用过氧化氢溶液怎么制备和收集氧气？ 2. 用高锰酸钾怎么制备和收集氧气？ ……	使学生养成及时总结学习内容的好习惯，同时培养学生善于提出问题的能力。

十、反思

本课从学生熟悉的氧气用途入手，通过分析学生已知的能够产生氧气的两个反应，认识到氧气来源于含氧物质的转化，建立初步的转化观和元素守恒思想。通过不同情境中制取氧气的方法不同，培养学生灵活应变的能力。通过催化剂的实验探究，发展了学生的科学探究能力。设计合理，学生乐意参与，课堂气氛活跃，大多数学生能完成学习任务。

十一、点评

课堂教学紧紧围绕实验室制备氧气的原理展开，问题设计指向性强，能够培养学生学科思想。小组合作探究有利于学生互帮互学，多数学生能完成学习任务，每个学生都有不同程度的收获，基本实现教学目标。

课例5　水的净化

一、课题

人教版　九年级下　第三单元　课题3　水的净化

二、内容标准

1. 认识水的组成，知道纯水与矿泉水、硬水与软水等的区别。
2. 了解吸附、沉淀、过滤和蒸馏等净化水的常用方法。

三、教材分析

水是继学生学习了空气、氧气等气体性质后，学习的另一种生活中离不开的物质。本课题以水为载体，探讨了常用净化水的方法与技能，区分硬水与软水的方法等。教材的处理方法是将课标要求的静置沉淀、吸附沉淀、过滤和蒸馏等净化水的方法有序地联系，突出过滤以及蒸馏这两个重要的实验操作技能。过滤又为十一单元粗盐的提纯打下基础，因此起到了承上启下的作用。

四、学情分析

1. 水关系到民生质量问题，在日常生活中地位重要，学生对水的了解也会较多。

2. 在课题一中学习了水的组成。在对水有了全面的认识的基础上，结合水质环保问题，渴望了解如何净化水的方法。

3. 从学生已有的知识技能方面来看，已经能够区分纯净物和混合物，但对混合物的分离方法依然陌生。

中篇　经典教学课例

五、教学目标

1. 知识与技能

（1）知道水与纯净水、矿泉水、井水、河水等天然水的区别；

（2）了解沉淀、过滤、吸附、消毒和蒸馏等净化水的方法；

（3）学习过滤的基本装置和操作方法；

（4）初步学习分离混合物的方法（过滤、蒸发）；

（5）初步了解自来水的净化过程。

2. 过程与方法

通过对教学情景的观察和思考，初步学会加强化学与生活的联系，并能解释生活中的一些简单的化学问题。

3. 情感、态度和价值观

（1）通过过滤的装置及操作过程，体验化学"实验美"，养成细致的观察习惯，培养学生严谨的科学态度；

（2）通过各种水的净化方法的讨论，培养学生的合作意识及勤于思考、求实创新的科学态度；

（3）通过对自然界各种水的了解，增强学生饮用卫生水的意识。

六、教学重点

1. 了解纯水和自然水、硬水和软水的区别。

2. 自来水的净化过程、过滤操作的原理。

七、教学难点

1. 过滤的操作以及注意事项；

2. 净化水的方法。

八、教学方法

1. 与生活密切联系，学有用的化学。
2. 以实验为基础，让学生在实验过程中掌握过滤的一般方法。
3. 充分利用多媒体器材，展示净化水的多种方式。

九、教学过程

教学流程	教师活动	学生活动	设计意图
设置情景，导入课题	同学们，自然界的水是否都是无色、无味、澄清透明的呢？展示三杯水样：井水、河水、污水，请大家看一看。请前面的学生闻一闻自备的河水，能否尝一尝，为什么？	一位学生用透明的杯子盛接一瓶教室里的饮用纯净水，展示。大家看一看，让学生闻一闻，尝一尝。同学们说一说这种洁净的水的有关物理性质。	从学生熟悉的情景导入，增加知识点的亲切感。
	我们怎样把这些浑浊的水变得较为纯净呢？这节课，我们共同来探讨一下水净化的一般过程。 投影课题。		
板书	水的净化		

中 篇　经典教学课例

教学流程	教师活动	学生活动	设计意图
联系生活 总结结论	1. 同学们，你们家在没有用上自来水之前，饮用的是河水，还是井水？你们家是采取什么样的措施对水进行简单净化的？ 2. 这些白色物质是否有净水作用呢？	学生回答： 1. 井水、河水。加明矾，把明矾加入盛井水的杯中搅拌、静置、观察并记录现象，交流。 （有白色物质生成） 阅读教材 P55，回答。（明矾溶于水后形成的白色物质，能够吸附悬浮于水中的不溶性杂质，使它们从小颗粒变为大颗粒，从水中沉降出来。）	体现化学与生活的联系。
板书	一．水的净化方法 1. 沉淀法：加明矾		
问题探究	1. 同学们，我们如何把这些沉淀物和水分开？请大家举出日常生活、生产中把固体和液体分开的实例。教师先举例，后鼓励学生大胆想象。 实例：用滤布把豆腐浆和豆腐渣分离；用沙层滤水等（教师表扬学生，夸奖他们是生活有心人） 2. 这些分开固体和液体的实例，有什么共同点？ 教师倾听、总结	学生激烈讨论。 学生甲：用漏勺子将煮熟的饺子和汤分开； 学生乙：用地漏盖子将固体垃圾和水分开？ 学生思考、归纳。 回答：都是用一种液体能通过，固体不能通过的物品，把固体和液体分开。	引导学生在生活中学习化学知识，培养学生观察生活及思考归纳的能力。
实验探究（一）	1. 实验室通常用过滤装置（展示事物）把不溶于水的物质和水分开。教师讲解过滤操作的注意事项。 2. 同学们比较过滤前后的水，清澈程度如何？山泉水为何总是很澄清？ 教师倾听。	同桌之间合作，动手制作过滤器，并过滤加明矾静置后的井水。 学生回答：过滤后的水较澄清。当山泉水通过山上的小石块、沙层时，小石块、沙层起到了过滤的作用。	培养合作动手能力。

教学流程	教师活动	学生活动	设计意图
总结归纳:	1. 过滤法; 2. 过滤的注意事项。	学生记录	
联系生活 承上启下	1. 大家再闻一闻、看一看过滤后的水,和过滤前相比较,哪些性质基本无变化? 2. 如何把水中的颜色、气味也除掉呢? 3. 大家参看教材P57～58,用自己准备的材料自制简易活性炭净水器	学生回答:仍有臭味、仍显黄色。	提出问题引发思考。 培养知识服务于生活的意识
总结归纳	吸附		
实验探究 (二)	1. 同学们知道我们所用的自来水的水源来自于何处?自来水厂是如何把浑浊的长江水净化为我们能饮用的自来水呢? 播放自来水厂的净水过程影片。	学生回答:长江水,东城河水欣赏观看。看后简要说出自来水厂的净水过程。	
	经过上述处理过的水,澄清透明,比较洁净,是不是纯净物?	学生回答	回顾知识
	2. 洗衣服时,若水量不同,肥皂的量不同,现象又有何不同;若用不同硬度的水,产生肥皂泡沫是否相同。	两位学生分别用硬水(准备的井水)、软水(教室里的纯净水)(用水槽盛装)分别加肥皂洗涤毛巾(水量同,肥皂的量同),其他学生观察,产生的现象有何不同?	培养观察、动手能力。
		学生通过阅读教材P54内容,了解硬水有哪些危害?思考、回答。	
	3. 请同学们回忆日常生活,长时间烧水的茶壶内壁有什么物质?这些物质如何形成?生活中通过什么样的方法可以降低水的硬度?	碳酸钙;用加醋泡再洗涤的方法。	紧扣生活
	4. 一杯是加明矾并过滤后的井水、一杯是纯净水,你能采取什么样的简单方法加以区分?	用加肥皂水的方法。	知识的应用,落实双基
	5. 刚才经过静置沉淀、过滤、吸附这些操作净化后的水能否用作医疗上的注射用水?	不能,因为净化程度不高。	提出扩展知识面的问题

中 篇 经典教学课例

47

教学流程	教师活动	学生活动	设计意图
引导	在实验室，我们可以使用装置（投影蒸馏装置，并展示实物），采取蒸馏的方法制得净化程度较高的水——蒸馏水。请同学们说出蒸馏净水的原理，其中包含了水的哪些物态变化。	学生回答：汽化和液化。	
实验探究（三）	老师演示蒸馏实验。 问题：做蒸馏实验时应该注意什么？	学生边观察边思考问题。	
总结归纳	1. 蒸馏净水的注意事项 2. 硬水和软水		
课堂小结	同学们，我们要使被污染了的河水得到初步净化，要经过哪些操作？	学生集体回答。	加强环保意识。
课外拓展	通过水的汽化和液化，可以使水得到较高程度的净化。事实上，得到净化程度较高的水的方法还有很多，同学们可以上网、查资料等作一下进一步了解。 社会调查：请同学们进行调查，了解当地政府采取了哪些举措来治理污染的水。		指导课外自主学习。
板书设计	一、水的净化 1. 水净化的一般方法： 沉淀→过滤→吸附→消毒→蒸馏（明矾） 　　　过滤装置及注意事项　　性炭、漂白粉　　蒸馏装置及注意事项 2. 硬水与软水		

十、反思

　　化学来源于生活。应充分利用生活常识来设置情景教学，从而激发学生学习本课题的欲望。通过问题引导、实验探究等活动，调动学生积极性，尽量使问题有最大的激励性和最大的信息量，使知识线环环相扣、教与学一一对应，从而提高课堂教学的高效性。课后让学生自制净水器、探究蒸馏水、自来水、煮沸水三者硬度，力求很好地落实课标要求的三维目标。让学生从生活中学化学，感受化学就在我身边。

十一、点评

本节课充分体现了化学与生活的关系，使学生强化了化学源于生活服务于生活的观念。同时，本节课以水的净化为载体，是同学们掌握了分离混合物的一种方法——过滤。

1. 掌握科学的研究方法和科学的思维方法

科学探究落到实处。学生在教师的引导下，对常用的净化水的简单方法进行实验探究，在教学过程中充分利用师生互动，从而使学生在"动态生成"的教学过程中有效地完成学习任务，充分体现了教师的主导作用和学生的主体地位。全体学生在探究活动有效地实现了"双基"的训练、思维的拓展和情感的升华，体验了成功的喜悦。

2. 结合生活实例及现象，引导学生学会观察生活中的化学现象。

水的净化是与生活息息相关的环保问题，全社会都在关注。而水的净化又切实存在于我们身边，是一个熟悉而又陌生的问题。充分利用这一点，联系实际。设置情景问题、激发学生的学习兴趣、培养学生化学源于生活、服务于生活的观念。

附件

[导学案]

第三单元课题3　水的净化

一、教学目标

1. 知道水与纯净水、矿泉水、井水、河水等天然水的区别；

2. 了解沉淀、过滤、吸附、消毒和蒸馏等净化水的方法；

3. 学习过滤的基本装置和操作方法

二、教学重点和难点

重点：1. 了解纯水和自然水、硬水和软水的区别；

2. 自来水的净化过程，过滤操作的原理。

难点：1. 过滤的操作以及注意事项；

2. 净化水的方法。

三、课堂练习

（一）固体颗粒物的净化

1. _____，加入_____可使小颗粒变成大颗粒，加速沉降

2. 过滤，可用于分离_____与_____

过滤的注意事项：

一贴

（1）_____

二低

（2）_____

（3）_____

三靠

（4）_____

（5）_____

（6）_____

过滤后所得滤纸上的物质是_____，漏斗下端烧杯中的液体是____

_____

（二）其他的净化（某些可溶性物质的净化）

1. 异味色素的净化

使用_____可吸附颜色和异味。

2. 细菌病毒的净化

方法：_____

3. 可溶性物质的净化还可用_____

归纳总结：

水净化的一般方法：_____→_____→_____→_____→__

（三）鉴别硬水与软水：

硬水的定义：＿＿＿＿＿＿＿＿＿＿＿＿＿

鉴别可溶性固体与水可使用＿＿＿＿＿＿的方法

［导学案答案］

（一）1. 沉淀，明矾

2. 不溶性固体和液体

一帖：滤纸紧贴漏斗内壁

二低：滤纸低于漏斗边缘，液面低于滤纸边缘

三靠：烧杯紧靠玻璃棒，玻璃棒紧靠三层滤纸处，漏斗下缘紧靠烧杯内壁

难溶性固体，溶液

（二）1. 活性炭　2. 漂白粉等消毒物质　3. 蒸馏

沉淀→过滤→吸附→消毒→蒸馏

（三）含有较多可溶性钙、镁化合物的水叫硬水

加肥皂水的方法

中　篇　经典教学课例

课例6 空气

一、课题

人教版 九年级上 第二单元 课题1 空气

二、内容标准

1. 使学生了解空气的组成。

2. 使学生认识空气是一种宝贵的自然资源。

3. 使学生初步了解空气污染的后果和防止空气污染的重要意义。

4. 初步培养学生的观察能力、查阅搜集资料的技能、表达与交流能力，为学生提供展示特长和才干的机会。

三、教材分析

空气是学生在化学课上接触到的第一种物质，学生们在生活中可以从不同的途径获取有关空气的知识。因此使学生了解空气的组成是什么，不是学习的重点和难点。本节课的设计思想是在科学史的情境中，让学生进行探究的学习；培养学生的分析性、实用性、创造性三元思维；同时了解人类认识事物的曲折过程以及科学家的探索精神。

在教学的过程中，我以学生的发展为本，立足课堂，采取"师生互动、合作探究"的模式，以启发、诱导、探究、交流等教学方法，使课堂变为开放的课堂，为学生营造一个宽松的探究氛围，为培养学生逐渐形成善于协作、勤于思考、勇于创新的学习态度和学习方法奠定了基础。在课堂上，我采用多媒体辅助教学、分组实验等教学手段来调动学生的积极性，并增强教学的直观性、趣味性，优化了课堂教学效果。

四、学情分析

虽然在日常生活中学生已非常熟悉空气，但没有提升到化学的角度来分析。通过本节课的收集相关信息和实验，给学生机会展现自己的探究，可加深学生对知识的理解和应用。

五、教学目标

1. 知识与技能
了解空气的主要成分，并对空气的污染与防治有大致的印象。
2. 过程与方法
通过对"测定空气里氧气含量"实验的操作、观察、分析，了解空气的组成。
3. 情感、态度和价值观
通过介绍人类认识空气的简史，使学生受到对待任何事物都必须有一个实事求是的科学态度的教育；培养学生的环保意识。

六、教学重点

空气的组成、通过实验判断空气组成、介绍空气污染的严重危害及防治措施。

七、教学难点

通过实验推断空气的组成。

八、教学方法

以学生独立操作、观察、归纳为探究主体，教师进行穿针引线引导学生大胆的探究、讨论、猜想、尝试、交流，使学生获取新知识，解决新问题。

九、教学过程

教学流程	教师活动	学生活动	设计意图
	（一）创设情境，设疑猜想		
导入	人类和一切动植物的生命支柱是什么气体？空气是一种"看不到摸不着"的天然物质，它跟我们的生活关系最密切。它是由一种物质组成还是由多种物质组成的呢？今天我们进一步学习有关空气的知识。 [板书] 第二单元　课题一　空气　氧气 第一节　空气 [板书] 一、空气的组成	思考、回答问题。	从生活中发现化学，体会到化学无处不在。激发学生的学习兴趣，引入课题。
活动与探究一	[提问] 1. 空气就在你周围，你能描述它有哪些物理性质吗？ 2. 空气是一种单的一物质吗？它主要由哪些成分组成呢？	回忆什么是物理性质，思考回答问题。	复习绪言中物理性质概念，使学生产生求知欲。引入空气组成的讨论。
	（二）制定方案，实验探究		
（1）制定方案	根据学生的猜想，引导学生制定控制实验条件的实验方案，结合生活实例及所学知识，分组搜寻证据。		通过实验探究，促进主动思考、锻炼交流讨论的合作能力。

教学流程	教师活动	学生活动	设计意图
（2）教师演示实验：	[演示实验] 空气中氧气含量的测定（课本 P$_7$ 图 1—1）。 介绍仪器名称、操作顺序，提示学生观察要点：红磷燃烧的主要现象和水面变化的情况。 用燃着的火柴检验瓶内剩余气体。 [分析讨论] 启发、引导学生分析讨论： 1. 红磷燃烧生成五氧化二磷；说明红磷燃烧所消耗的是空气中的什么气体？ 2. 为什么红磷燃烧时只消耗了钟罩或集气瓶内气体的 1/5 而不是全部呢？ 3. 用燃着的火柴伸入钟罩或集气瓶内，火柴熄灭说明了剩余气体具有什么性质？	填写观察记录： 红磷燃烧时有大量白烟生成，同时钟罩内水面逐渐上升。等燃烧停止，白烟消失后，钟罩内水面上升了约 1/5 体积。 用燃着的火柴伸入钟罩内，火焰。 实验记录： 红磷燃烧时有大量_____生成，打开弹簧夹后，烧杯中的水会进入集气瓶，约占瓶容积的_____。 火焰。 分析、思考、讨论、归纳得出结论。	使学生形成对猜想做出证实的意识。 培养学生分析解决问题的能力。 激发学生学习化学的兴趣，进行实事求是的科学态度教育。
（三）归纳总结解释验证	[板书] 空气是无色、无味的气体，它不是单一的物质，是由多种气体组成。空气中主要成分是氧气和氮气。	理解记忆。	巩固加深理解记忆。
	（四）交流反思，评价反馈		
（1）讨论与反思	[讲述] 人类对空气认识的历史过程（利用投影挂图讲解）。 [小结] 空气的成分及其体积分数：氮气（78%）、氧气（21%）、稀有气体（0.94%）、二氧化碳（0.03%）、其他气体和杂质（0.03%）。 课堂练习一（见附1），指导学生做练习。	准确记忆 做练习一	

新课程化学怎么教

教学流程	教师活动	学生活动	设计意图
	[问题引入] 你知道污染空气的是哪些物质？它们来源于哪里？如何防治空气的污染吗？（结合挂图、投影讨论）。		对提出的问题作出合理的猜想。通过分组讨论培养学生分析解决问题的能力。
（2）归纳总结	板书： [板书] 空气的污染与防治 1. 污染空气的性质：粉尘、有害气体。 2. 污染物的主要来源：矿物燃料、化工厂的废气、汽车排放的尾气等。 3. 防治和减少空气污染的方法：认识保护环境的重要性，消除、减少污染源。 [投影] 课堂练习二（见附2）。指导学生做练习。 [课后小结] 通过本节课的学习，使我们了解了空气的组成，空气的污染与防治，认识到保护环境是重要的，是每个公民都应尽的义务和责任。	思考、看投影片讨论。 阅读课本 P9 第二、第三自然段。 讨论、归纳、综合、记忆。 做练习二 归纳、总结 独立完成检测题。	巩固已学知识。 学生归纳、总结，老师补充完整。达到本节教学目的。
（五）课堂反馈	[投影] 随堂检测（见附3）		及时反馈

十、反思

本课设计以学生自主解决"测定空气中氧气含量"的实验问题为中心，引导学生从日常生活经验和第一单元的知识出发，先是让学生用多种方式感知空气的存在，接着由学生举实例证明空气含有的多种物质，进而提出探究空气中多种成分（主要是氧气）含量的任务。这样就创设了一个生动而真实的问题情境，符合探究性学习的要求。学生为解决这个问题，进行大胆的探索，先是讨论，明白可以通过燃烧耗氧后，用水的体积来间接感知氧气体积的道理。经师生对误差原因的分析，明确了这个实验对可燃物的要求。至此学生自主地认识了这个实验的设计原理，使学生兴趣和信心倍增，课堂气氛也逐步达到高潮。教师适时肯定，及时给出这个实验的装置和药品，可谓水到渠成。能让学生在成功喜悦的鼓舞下，兴趣盎然地完成了后继的学习任务。

十一、点评

本课设计的最大特点是学生自主活动较为充分，参与面广；教师充分发挥了引导者、组织者的作用，始终随学生的思维起伏，在群体思维停滞处给予言语点拨，辅以提供器材让学生实践反思，并不直接牵引。这样的设计改变了传统教学方式，使学生在探究的过程中，学到了技能，获取了知识，更锤炼了思维，张扬了个性，真正体现了引导学生合作、自主、探究的学习新理念，相信这节课是一节符合新课程改革的好课。

附件

[课堂练习一]

1. 空气中按体积计算，含量最多的气体是　　　　　　　　　　　（　　）

    A. 氧气　　　　B. 氮气　　　　C. 二氧化碳　　　　D. 稀有气体

2. 在 100 升空气里氮气的体积大约是　　　　　　　　　　　（　　）

    A. 78 升　　　B. 78%　　　C. 21 升　　　　D. 21%

3. 空气中氧气与氮气的体积比约为　　　　　　　　　　　　（　　）

    A. 4：1　　　B. 1：4　　　C. 1：5　　　　D. 4：5

[课堂练习二]

4. 排放到空气中的有害物质，大致可分为　　　　　　　　　（　　）

    A. 一类　　　　B. 两类　　　　C. 三类　　　　D. 四类

5. 造成大气污染的有害气体是　　　　　　　　　　　　　（　　）

    A. 氮气、氧气　　　　　　　　B. 稀有气体、二氧化碳

    C. 一氧化碳、二氧化硫　　　　D. 氮气、二氧化碳

6. 下列情况一般不造成空气污染的是 （ ）

A. 煤燃烧生成的烟　　　　　B. 汽车排气生成的烟雾

C. 人呼出的二氧化碳　　　　D. 放鞭炮产生的烟雾

[随堂检测]

1. 将下列数据（在空气中的体积分数）序号填入有关物质后面的括号内。

A. 78%　　　　B. 21%　　　　C. 0.94%　　　　D. 0.03%

(1) 二氧化碳 （　）　　(2) 氧气 （　）　　(3) 氮气 （　）

(4) 稀有气体 （　）

2. 桌子上入一个空烧杯，烧杯内 （ ）

A. 是氮气　　B. 是氧气　　C. 是空气　　　　D. 没有物质

3. 下列排放到空气中的物质，不使空气受到污染的是 （ ）

A. 煤燃烧产生的烟　　　　　B. 石油化工厂排放的废气

C. 汽车排出的尾气　　　　　D. 植物光合作用放出的气体

[答案]

课堂练习一

1. B　2. A　3. B

课堂练习二

4. B　5. C　6. C

随堂检测

1. D、B、A、C

2. C　3. D

一、课题

人教版 九年级上 第六单元 课题 2 二氧化碳制取的研究（第 1 课时）

二、内容标准

1. 知道二氧化碳的主要性质和用途。
2. 初步学习在实验室制取二氧化碳。

三、教材分析

《二氧化碳制取的研究》在整个化学学习过程中具有承上启下的作用。在此之前，学生已经学习过氧气的制法，对实验室制取气体有了大体的认识。本节课意在加深学生对实验室制取气体有关知识的理解。它是培养学生在实验室中制取某种气体时药品的选择、装置的设计、实验的方法等思路的最佳素材。上好此节课对学生今后学习元素化合物知识、化学基本实验及实验探究能力都有深远的影响。

四、学情分析

学生已有了实验室制取氧气的知识基础和相应的实验操作技能，对于气体制备应考虑的几个主要问题如反应原理、实验装置、气体收集等也比较熟悉。让学生具有知识迁移的能力、设计实验、比较实验的探究能力、具备了研究如何制取二氧化碳的先决条件。通过活动和探究的方式来研究实验室中制取二氧化碳药品以及装置及其改进，这一教学目标是能够达成的。

五、教学目标

1. 知识与技能

（1）知道实验室制取二氧化碳的药品和反应原理。

（2）了解实验室制取二氧化碳的仪器装置。

（3）知道实验室制取气体时如何选择仪器装置。

（4）了解二氧化碳的主要用途。

2. 过程与方法

（1）通过对氧气实验室制备的回忆，初步确立实验室制气的一般思路和方法。

（2）通过对获得二氧化碳的途径的讨论与分析，应用对比实验探究实验室制取二氧化碳的理想药品，学会应用控制变量法观察和分析问题。

（3）通过画装置图，加深学生对实验室中的仪器选择不唯一，应根据具体需要，具体条件进行选择的理解。

3. 情感、态度和价值观

（1）增强学生对化学实验的好奇心和探究欲，激发学生学习化学的兴趣。

（2）通过实验、问题讨论，培养学生学会思考、严谨求实、乐于创新的科学品质。

六、教学重点

实验室制取二氧化碳的反应原理和实验装置。

七、教学难点

1. 从多个生成二氧化碳的反应中，筛选出实验室制二氧化碳的原理。

2. 通过比较、归纳等方法，总结实验室制取气体时选择装置的一般思路。

八、教学方法

实验探究法：通过探究实验室制取二氧化碳的药品和反应原理，从探究中发现问题、分析问题，从而提高学生解决问题的能力。

九、教学过程

教学流程	教师活动	学生活动	设计意图
环节一：引入	打开可口可乐的瓶盖，会看到什么现象？这种气体是什么？ 投影展示：二氧化碳的用途。 在实验室，二氧化碳该怎样制取？ 引出二氧化碳制取课题。 板书： 课题2 二氧化碳制取的研究	大量的无色气泡，它是二氧化碳。 看图片	从生活中引出二氧化碳，使学生产生兴趣，进入学习状态。
环节二：探究实验室制取二氧化碳的反应原理。	到目前为止我们学习过哪些反应能够产生二氧化碳？ 对学生回答进行总结：共有7种方法产生二氧化碳。	学生回答： 生活中：呼吸产生二氧化碳、汽水（雪碧）产生二氧化碳。 学过的反应：木炭、一氧化碳、蜡烛的燃烧，焦炭还原氧化铁、木炭还原氧化铜。	回忆生活中以及学过的反应中能够产生二氧化碳的方法。

教学流程	教师活动	学生活动	设计意图
	小资料 实验室制取气体的一般原则： （1）生成的气体纯净 （2）反应条件温和 （3）反应速率适中 （4）反应药品经济易得 根据制取原则逐一考虑7种产生二氧化碳的方法。 投影展示答案： 能够产生二氧化碳气体的反应。	先排除呼吸产生二氧化碳和汽水（雪碧）产生二氧化碳，然后学生板书写出学过的反应中能够产生二氧化碳的化学方程式。 $C+O_2 \xrightarrow{\text{点燃}} CO_2$ $2CO+O_2 \xrightarrow{\text{点燃}} 2CO_2$ $C+2CuO \xrightarrow{\text{高温}} 2Cu+CO_2\uparrow$ $3C+2Fe_2O_3 \xrightarrow{\text{高温}} 4Fe+3CO_2\uparrow$ 进行逐一排除。	巩固学过的产生二氧化碳的反应，并为引出实验室制取二氧化碳的药品、方法顺利过渡。激发学生的探究欲望。
	实验室应该选用什么样的药品和方法来制取二氧化碳？下面我们来探究实验室制取 CO_2 的反应原理。 投影展示： 药品：碳酸钠、石灰石、稀盐酸、稀硫酸。 仪器：3支试管。 观察的重点是比较三个反应中气泡产生的快慢。 结论：实验室制取二氧化碳可以用石灰石（或大理石）与稀盐酸进行反应。 板书： 一、实验室制取二氧化碳 1. 药品 石灰石（或大理石）：主要成分 $CaCO_3$ 稀盐酸：成分 HCl 和 H_2O 2. 反应的化学方程式 $CaCO_3+2HCl === CaCl_2+H_2CO_3$ $H_2CO_3 === H_2O+CO_2\uparrow$ $\downarrow$ $CaCO_3+2HCl === CaCl_2+H_2O+CO_2\uparrow$	探究活动1： 学生分组实验并填写表格： 实验药品、实验现象的对比。 | 编号	内容	现象	分析
1			
2			
3				 注： 1 号：Na_2CO_3 粉末和稀盐酸 2 号：石灰石和稀盐酸 3 号：石灰石和稀硫酸 小组汇报：通过比较，得出最佳方案。 学生学习、接受新知。 学生根据教师描述，自己动手写出化学方程式。	认识实验对比观察是科学探究的基本方法之一，注重学生获取新知的体验学习。

教学流程	教师活动	学生活动	设计意图
环节三：探究制取二氧化碳的装置。	投影展示：选择实验室制取氧气的两种装置。 投影答案： 实验室制取氧气的知识回顾。 引导：将旧知识迁移到今天要学的知识上来，确定实验室制取二氧化碳的发生装置和收集装置要考虑哪些因素？ 投影答案： 探究实验室制取 CO_2 的装置： 1. 确定二氧化碳气体发生装置应考虑的因素？ 反应物的状态：固体？液体？ 反应发生条件：不需要加热。 2. 确定二氧化碳气体收集装置应考虑的因素？ 二氧化碳的密度：密度比空气大。 二氧化碳的溶解性：能溶于水。 二氧化碳能否与水反应：能与水反应。 现提供如下装置，你会选择怎样的方法和收集装置来制取二氧化碳呢？	填写表格：实验室制取氧气的知识回顾 表格： 思考，并校对答案。 回答： 1. 反应条件：常温；反应物状态：固体和液体。 二氧化碳的密度和溶解性。 根据反应条件和反应状态发生装置选 B，根据二氧化碳的密度和溶解性收集装置只能选 D。	通过表格和问题的有序设计，让知识水到渠成。为突破教学难点做好铺垫。 让学生回忆已有知识，为研究如何制取二氧化碳确定研究方向。

实验室制取氧气的知识回顾表格：

药品	$KMnO_4$	H_2O_2 溶液 MnO_2
反应原理		
反应物状态		
反应条件		
发生装置		
收集装置		
检验方法		
验满方法		

中篇 经典教学课例

教学流程	教师活动	学生活动	设计意图
	过渡：如果实验室里没有长颈漏斗和锥形瓶，能用其他仪器来替代吗？ 根据给出的仪器，你能设计出几种实验装置制取二氧化碳？ 布置任务：小组合作画装置的组装。 以下仪器可供设计制取二氧化碳的装置时选择，你也可以另选或自制仪器，还可以用代用品。 引导大家对同学们的作品进行点评。 总结：实验室中的仪器选择不唯一，应根据具体需要，具体条件进行选择。介绍实验室常用的仪器装置。	探究活动2： 根据实验室制取二氧化碳的原理和二氧化碳的物理性质，每组同学画出 1～2 套能够制取二氧化碳的装置。学生在合作中完成设计的装置图。 讨论装置的优缺点，并进行交流。说明本组设计方案的基本思路及操作方法。在交流中相互提高。	拓展、提高、培养学生实验装置设计能力和发散思维、创新思维能力。
环节四： 总结、布置作业	引导学生总结本节重点内容。 这节课同学们设计出了很多制取二氧化碳的装置，但万变不离其宗，而且具体问题要具体分析，这是学习的方法。 布置作业： 利用家庭里的物品，设计并完成制取二氧化碳气体的实验。（提示：纯碱是碳酸钠，仪器可以考虑用输液器的塑料软管）	说出本节需要掌握的重点内容。 实验室制取二氧化碳药品的选择、反应原理和制取二氧化碳装置的确定。	使学生通过作业，让学生思维得以继续扩展，感受到化学实验不用局限在实验室。

十、反思

本节课从生活中学生喜欢喝的饮料引入新课，激发了学生的兴趣，并通过课后作业的布置，体现了新课改"从生活走向化学，又从化学走向社会"的理念。

化学课程改革倡导以提高学生的科学素养为主旨；重视科学、技术与社会的相互联系；倡导以科学探究为主的多样化的学习方式；教师要给学生充分的时间和空间，引导学生探索与发现，反思与创新，为学生提供充分的参与和交流的机会，在落实"双基"的前提下让他们充分体验、想象和思维。

根据新课程的教学理念，本节课通过提出问题、探究问题的解决和讨论、交流等形式来调动学生积极参与教学活动，从而提高学生的多种能力，为终生学习、发展打下坚实的基础。

十一、点评

本节课的教学中运用了新课程理念，学生自主学习得到了落实。以学生为主体，把课堂还给学生，创置问题让学生讨论，适当点拨指导，使学生的思维不断的处于亢奋状态，水到渠成，在学生的做做、想想、说说、议议中愉快地完成了本课的研究。不足之处：对学生设计的装置点评较少，没有让学生对自己设计的装置进行充分的说明。

中篇 经典教学课例

课例8　金属的化学性质

一、课题

人教版　九年级下　第八单元　课题2　金属的化学性质

二、内容标准

知道常见的金属与氧气的反应。

三、教材分析

《金属的化学性质》是新课标教材（人教版）第八章第二节内容。在本课之前，学生已经学习了非金属元素氧、碳及其化合物的知识。学习了本章内容之后，元素化合物的知识将较为完整，使同学们不仅对前面的非金属的性质有所了解也对金属的性质有所了解，同时本节内容的学习也为酸、碱、盐的知识奠定基础，而且本节内容贴近生活实际，可丰富学生的知识、开拓视野。

四、学情分析

1. 学生在前一阶段的学习中已经做过镁条、铝箔、铁丝等在氧气中反应的实验，基于学生的已有的基础知识，采用实验事实、归纳的方法，归纳出大多数金属都能与氧气反应，但反应的难易和剧烈程度不同。

2. 由生活常识创设情境，激起学生强烈的好奇心，比平淡的言语过渡更具"挑逗性"，学生也觉得"学习化学真有用"。

3. 在第五单元学习质量守恒定律学习过铁可以与硫酸铜反应，可引导学生推测金属能与金属化合物溶液反应，然后设计实验验证。

五、教学目标

1. 知识与技能

（1）通过实验探究金属与氧气、金属与稀盐酸、稀硫酸以及与盐溶液的置换反应。

（2）认识金属的化学性质和金属的活动性顺序，并且能用金属活动顺序解释一些与日常生活有关的化学问题。

（3）能用金属活动性顺序对有关的置换反应进行简单的判断，并能利用金属活动性顺序解释一些与日常生活有关的化学问题。

2. 过程与方法

（1）通过小组合作进行研究性学习，初步学会运用对比、归纳、概括等方法对获取的信息进行加工，并用化学语言进行表述，初步认识科学探究的意义和基本过程。

（2）通过符合认识规律的教学过程，对学生进行科学方法的教育，帮助其形成良好的学习习惯和方法。

3. 情感态度价值观

（1）培养学生的合作意识、勤于思考、严谨求实、勇于创新和实践的科学精神以及学生辩证唯物主义观点。

（2）增强对化学现象的好奇心和探究欲，发展学习化学的兴趣。

六、教学重点

通过实验探究认识金属活动性顺序。

七、教学难点

运用金属活动性顺序对置换反应作出判断。

八、教学方法

1. 回顾自主学习法：金属与氧气反应采用回顾自主学习教学方法。

2. 引导探究法：金属与稀盐酸、稀硫酸的反应、金属与金属化合物溶液的反应采用实验探究的教学方法。

3. 合作学习法：让学生在讨论交流中取长补短，培养学生的合作、竞争意识。

九、教学过程

教学流程	教师活动	学生活动	设计意图
导入	[课题引入]我们在生活中经常使用和见到各种金属，这些金属的物理性质和化学性质都是有差别的，我们先来回忆一下以前学习过的有金属参加的化学反应有哪些呢？它们反应的现象是什么？化学方程式怎样写？ [过渡]观察上述化学反应可知：通常金属能与氧气反应，能和酸反应，还能与金属的化合物如硫酸铜溶液反应。现在我们先来探究金属与氧气反应的规律。	回忆相关反应的现象、条件，书写化学方程式。 $3Fe+2O_2 \xrightarrow{点燃} Fe_3O_4$ $2Mg+O_2 \xrightarrow{点燃} 2MgO$ $4Al+3O_2 \xrightarrow{点燃} 2Al_2O_3$ $Zn + H_2SO_4 \xrightarrow{点燃} ZnSO_4 + H_2\uparrow$ $Fe+CuSO_4 \xrightarrow{点燃} FeSO_4+Cu$	联系生活，从学生熟悉的物质、事实出发引入新课，同时复习相关知识。
	[板书]一、金属与氧气的反应	记录	
问题与探究（一）金属与氧气的反应	[阅读教材，回忆知识] 金属与氧气的反应 1. 常温能反应 2. 高温下能反应 3. 高温下也不能反应	1. 常温能反应：以镁、铝为代表。 2. 高温下能反应：以铁、铜为代表。 3. 高温下也不能反应：以金、银为代表。	1. 复习、巩固相关知识，加深印象。 2. 培养学生自学阅读能力

教学流程	教师活动	学生活动	设计意图
	[总结归纳] 活动性：Mg、Al＞Fe、Cu＞Au	记录	
	[思考] 1. 俗话说"真金不怕火炼"，从化学角度解释为什么？ 2. 铝的化学性质比铁活泼，为什么我们通常看见铁生锈而没有看到铝生锈？在清洗铝制品时应注意些什么？	由此说明，金在高温下也不与氧气发生反应，金最不活泼。 2. 铝在常温下就能与氧气反应。如铝在空气中与氧气反应，其表面生成一层致密的氧化铝（Al_2O_3）薄膜，从而阻止铝进一步氧化，因此，铝具有很好的抗腐蚀性能。	问题导思，激发兴趣，培养理论联系实际、规范表达和综合分析问题的能力。
	[过渡] 有些金属的化学性质活泼，有些金属的化学性质不活泼，我们可以从能否反应和反应的激烈程度来探究金属的活泼程度即金属活动性差异。		
实验探究 （一）	[设问] 金属与酸反应现象是否也像金属与氧气反应一样存在差别呢？同学们可以先提出自己的假设，设计实验方案，通过实验来探究这个问题。	猜想、假设、设计实验方案。	激发学生兴趣、提高实验设计能力。

教学流程	教师活动	学生活动	设计意图
金属与酸的反应	[探究活动1] 镁、锌、铁、铜与稀盐酸、稀硫酸反应 1. 在试管里放入两小块镁，加入5ml稀盐酸，用燃着的小木条放在试管中，观察现象，并判断反应后生成了什么气体。 参照上述实验步骤，分别在放有两小块锌、铁或铜的试管中加入稀盐酸，观察现象，比较反应的剧烈程度。如果有气体生成，判断生成的是什么气体。 用稀硫酸代替稀盐酸进行实验并比较发生的现象。 [提示] 按操作规范进行实验，认真观察现象。 [巡视、指导实验]	实验探究： A组：分别将金属镁、锌、铁、铜放入稀盐酸中。 B组：分别将金属镁、锌、铁、铜放入稀硫酸中。	培养实验操作能力、观察能力和同学间的合作精神。
	引导学生进行讨论、交流和展示探究结果	学生进行讨论、交流。展示探究结果：镁、锌、铁、铜的金属活性由强到弱依次为镁＞锌＞铁＞铜。	在讨论、交流中，吸取别人有益的意见，让不同的意识在碰撞中相互同化。
	[设问] 在镁、锌、铁、铜几种金属中，哪些金属能与盐酸、稀硫酸发生反应？哪些金属不能与盐酸、稀硫酸发生反应？由此你能把金属分为哪两类？	思考、讨论并得出结论。 结论：(1) 镁、锌、铁能与硫酸和盐酸反应；铜不能与硫酸和盐酸反应 (2) 可分为能与盐酸、稀硫酸发生反应的金属和不能与盐酸、稀硫酸发生反应的金属这两类。	为后面学习金属活动顺序时，为什么会出现氢元素打下基础。
	[板书] 二、金属与稀盐酸、稀硫酸的反应		

教学流程	教师活动	学生活动	设计意图
问题探究 （二） 置换反应	[讨论]请大家从反应物和生成物的物质类别如单质、化合物的角度分析，这些反应有什么特点？它与我们学习过的化合反应和分解反应的特点是否相同？ [评价]回答的很好。化学上，我们把具有这一特点的反应叫做置换反应。 [板书]三、置换反应 特点：A＋BC＝B＋AC	[学生讨论并回答] 这些反应的特点是：由一种单质跟一种化合物起反应生成另一种单质和另一种化合物。其特点不同于化合反应和分解反应。	培养学生分析问题能力和实事求是的科学态度。使学生在交流中相互启发，相互激励、发展和完善自我。
实验探究 （二） 金属间的 置换反应	下面，我们来探究铝、铜、银三种金属的活动性顺序。 [投影展示活动与探究的内容] 1. 把一根用砂纸打磨过的铝丝浸入硫酸铜溶液中，过一会儿取出，观察有什么现象发生？ 2. 把一根洁净的铜丝浸入硝酸银溶液中，过一会儿取出，观察有什么现象发生？ 3. 把另一根洁净的铜丝浸入硫酸铝溶液中，过一会儿取出，观察有什么现象发生？	实验探究、观察记录实验现象、得出结论。	培养从现象到本质的分析能力。获得学生反馈信息，检测本节课所学知识。
总结、归纳、应用	[问]通过这几个实验你可分别得出什么结论？能否据此得出铝、铜、银的金属活动性顺序？ [板书]金属＋金属化合物——新金属化合物＋新金属 [板书]四、金属活动性顺序 K、Ca、Na、Mg、Al、Zn、Fe、Sn、Pb、Cu、Hg、Ag、Pt、Au	[小结]金属与金属化合物溶液发生化学反应，生成新的金属化合物和新金属。金属活泼性顺序：铝＞铜＞银 记录	锻炼学生总结归纳能力。 总结落实对知识的认识。

教学流程	教师活动	学生活动	设计意图
	[应用] 金属活动性顺序在工农业生产和科学研究中有重要应用，它可以给你以下哪些判断的依据？	1. 在金属活动性顺序里，金属的位置越靠前，它的活动性就越强。 2. 在金属活动性顺序里，位于氢前面的金属能置换出盐酸、稀硫酸中的氢。 3. 在金属活动性顺序里，位于前面的金属能把位于后面的金属从它们化合物的溶液里置换出来。	
	[投影练习] 下列物质能否发生反应？写出能发生反应的化学方程式并判断它们是否为置换反应。 (1) 银与稀盐酸 (2) 锌与硫酸铜溶液 (3) 铜与硫酸锌溶液 (4) 铝与硝酸银溶液	(1) 不能 (2) 锌与硫酸铜溶液： $Zn+CuSO_4 = Cu+ZnSO_4$ (3) 铜与硫酸锌溶液不反应 (4) 铝与硝酸银溶液 $Al + 3AgNO_3 = 3Ag + Al(NO_3)_3$	
总结本课	[小结] 通过本课题的学习，我们知道了 1. 金属活动性顺序； 2. 金属活动性顺序的判据； (1) 金属能与氧气发生反应，不同金属的活动性各不相同，与氧气反应请况不同； (2) 根据金属与酸反应情况； (3) 金属与另一种金属化合物的反应，可以判断出金属活动性的相对强弱。 3. 一种新的反应类型——置换反应。	根据学生的认知结构，总结本课的重点。由短时记忆过渡到有效的长时记忆。	

教学流程	教师活动	学生活动	设计意图
课后调查	课后思考题: 1. 电化铝是怎么回事? 2. 辩证地看待铝在生产生活中的应用以及对人体的危害。 3. 波尔多液是一种农业上常用的杀菌剂,它是由硫酸铜、石灰加水配制而成,为什么不能用铁制容器来配制波尔多液? 4. 学完本课题后,你能否想出另外的办法来鉴别黄铜与黄金?	课外作业	改变传统的作业形式,将课堂延伸到同学们的生活中。
附表	附一: 	反应物	现象	化学方程式	结论
镁与稀盐酸			
锌与稀盐酸			
铁与稀盐酸			
铜与稀盐酸			| | 反应物	现象	化学方程式	结论
镁与稀硫酸			
锌与稀硫酸			
铁与稀硫酸			
铜与稀硫酸			| 附二: | 反应物	现象	反应化学方程式	结论
铁与硫酸铜溶液			
铜与硫酸亚铁溶液			
铝与硫酸亚铁铜溶液			
铜与硝酸银溶液						

中 篇 经典教学课例

十、反思

教材处理目的在于使学生通过观察现象——比较分析——归纳结论——总结规律的过程。通过此过程，不仅使学生掌握了金属的化学性质，更主要的是培养学生科学的实验方法和严谨的科学态度，让学生感受化学的物质美、现象美、直观美；培养学生的审美能力，为以后更好地利用实验探究自然科学知识打下基础；同时帮助学生提高与他人交流、讨论和语言表达能力，获得主动发现的快感，增强了学习兴趣。

十一、点评

本节课采用引导——探究的教学模式，意在最大限度地提高学生的科学素质。

1. 掌握科学的研究方法和科学的思维方法

通过问题、假设、验证、结论，使学生在获得知识的过程中，逐步懂得研究科学的一般过程。知道观察和实验是获得知识的基本方法，在学习中养成求异思维的习惯。学生都能各抒己见，发表自己的观点。

2. 实验能力的培养

本节课通过假设；设计实验方案；操作、纪录实验数据；分析实验现象这一过程，充分培养了学生的实验能力。学生掌握实验能力，它的重要性在于使学生具备观察能力。在这堂课中，在教师的点拨、引导下，学生的实验能力都有进一步的提高。

综上所述，采用引导——探究的教学模式，把素质教育落实到化学的课堂教学中。

一、课题

人教版　九年级下　第九单元　课题1　溶液的形成

二、内容标准

1. 认识溶解现象，知道水是最重要的溶剂，酒精、汽油等也是常见溶剂。

2. 能说出一些常见的乳化现象。

3. 了解溶液在生产、生活中的重要意义。

三、教材分析

本课题是关于溶液的一些初步认识，其中涉及到溶解过程，包括溶液的形成、溶质溶剂溶液的概念、溶解过程的吸热和放热现象等。这一课题主要使学生从宏观上认识溶液的特征，从微观上认识溶液是溶质以分子或离子的形式分散到溶剂中形成的均一的体系。在此基础上帮助学生建立一个有关溶液的较为科学的概念。本节课是后面章节的知识基础，因此起着十分重要的作用。

四、教学目标

1. 知识与技能

（1）认识溶解现象，掌握溶液、溶质、溶剂等概念。

（2）探究几种物质在水中溶解时的溶液温度的变化。

（3）知道一些常见的乳化现象。

中篇　经典教学课例

75

（4）了解溶液在科研、生产和生活中的重要作用。

2. 过程与方法

通过问题讨论和实验研究，学习科学探究和科学实验的方法。

3. 情感、态度和价值观

（1）激发学生的学习兴趣和探究意识。

（2）培养学生动手动脑及观察能力。

（3）引导学生形成归纳总结的学习方法。

五、教学重点

认识溶解现象，知道溶液、溶质、溶剂等概念。

六、教学难点

溶液中溶质、溶剂的判断以及微观角度理解溶解过程。

七、教学方法

1. 实验探究法，培养学生的动手及观察能力。

2. 利用生活经验创设教学情景。

3. 运用多媒体教学。

4. 合作学习法：让学生在讨论交流中取长补短，培养学生的合作、竞争意识。

八、教学过程

教学流程	教师活动	学生活动	设计意图
导入	我们在以往的化学实验中，曾用到许多溶液，如 H_2O_2 溶液能分解产生氧气、紫色石蕊溶液遇酸会变红色。在化学实验室里你还曾用过或见过哪些溶液？	学生讨论回答：$AgNO_3$ 溶液、稀硫酸、稀盐酸、硫酸铜溶液、澄清石灰水。	从学生已有知识出发，增强学生对溶液的感性认识。
问题探究（一）	出示四瓶溶液：H_2O_2 溶液、高锰酸钾溶液、石蕊溶液、70％的医用酒精。 1. 它们都是溶液，它们的共同点是什么？	讨论回答 （1）都含有水 （2）都是混合物 （3）都是液体 （4）都是澄清透明的	提高学生归纳分析的能力。
	2. 在两支试管里加入蔗糖、食盐、少量碘，充分振荡，观察现象并解释：蔗糖、食盐、碘逐渐消失的原因？溶液是怎样形成的？	学生分组讨论	
多媒体展示	播放多媒体动画：蔗糖溶于水、食盐溶于水。 从微观角度分析，在水分子的作用下，蔗糖分子、Na^+ 和 Cl^- 向水里扩散，均一地分散到水分子间隔中，形成一种稳定的混合物——溶液。	学生观看动画	通过形象的分析，使学生的思维由宏观到微观，从现象到本质深入思考，学会研究问题的科学方法。
归纳总结	板书： 1. 溶液 2. 溶液、溶剂和溶质的定义： 一种或几种物质分散到另一种物质里，形成均一的、稳定的混合物，叫做溶液。 能溶解其他物质的物质叫溶剂。 被溶解的物质叫溶质。	记录	学生从提出问题到解决问题，再到总结归纳，便于知识的记忆。

中篇 经典教学课例

77

教学流程	教师活动	学生活动	设计意图
练习反馈	提出问题： (1) 溶液均一性、稳定性的意义。 (2) 蒸馏水是溶液吗？ (3) 泥水是溶液吗？ (4) 只有水能做溶剂吗？ (5) 溶液一定无色透明吗？ (6) 溶液里的溶质只能是一种物质吗？ (7) 将蔗糖溶液和 NaCl 溶液混合后还是溶液吗？溶质是什么？ (8) 下列溶液中溶质、溶剂是什么？蔗糖溶液、碘酒、澄清石灰水、稀盐酸、Cu-SO₄ 溶液、NaOH 溶液、盐水。	学生回答并归纳总结： (1) 均一：溶液各处浓稀完全一样；稳定：温度不变，溶剂量不变，溶质和溶剂长期不会分离。 (2) 蒸馏水是纯净物，不属溶液，溶液一定是混合物。 (3) 泥水不属于溶液，因为泥不溶于水，一般物质溶于水或其他溶剂中形成溶液。 (4) 水能溶解很多种物质，是最常用的溶剂。汽油、酒精也可以做溶剂。 (5) 溶液不一定是无色的。 (6) 溶质可以是一种或几种物质。 (7) 蔗糖溶液、食盐溶液混合后仍是溶液，溶质是蔗糖和食盐。 (8) 溶质分别为蔗糖、碘、氢氧化钙、氯化氢、硫酸铜、氢氧化钠、食盐。	提高学生分析解决问题的能力。
归纳总结	板书： 1. 溶液中溶质和溶剂的判断： (1) 溶质可以是固体，也可以是液体或气体。 (2) 两种液体互相溶解，一般把量多的一种叫做溶剂；若有一种是水，一般把水叫做溶剂。 (3) 用水作溶剂的溶液，叫做水溶液，通常不指明溶剂的溶液，一般指水溶液。	记录	对所解决的问题进行归纳总结，便于记忆。

教学流程	教师活动	学生活动	设计意图
实验探究（一）	观察不同物质在同种溶剂里的溶解性。 指导教材实验9－2 P28 在两支试管中，分别加入2～3ml水，分别加入1～2粒碘或高锰酸钾；另取两支试管，分别加入2～3ml汽油；再分别加入1～2粒碘或高锰酸钾，振荡，观察现象。 提出问题，得出什么结论？	学生分组实验，完成教材P28表格。 结论：同种物质在不同溶剂中溶解度不同；不同种物质在同种溶剂中溶解度也不同。	培养科学的学习方法，锻炼动手能力。
归纳总结	指导学生做实验教材实验9－3 P29。 水和乙醇互相溶解。	学生分组实验，完成书上的表格。 得出结论：振荡可以加速溶解。	
	3. 溶解度的大小 同种物质在不同溶剂中溶解度不同。不同种物质在同种溶剂中溶解度也不同。 4. 振荡可以加速溶解。	记录	
实验探究（二）	指导学生做实验教材实验9－4 P29。 在2支试管中分别加入2～3ml水和几滴植物油，观察试管中的液体是否分层。向其中一支试管中滴几滴洗涤剂，用胶塞分别塞紧试管，振荡，观察现象。把2支试管中的液体倒掉，并用水冲洗试管，比较这两支试管的内壁是否干净。 让学生在实验过程中或看书后回答下列问题： （1）振荡后得到乳状浑浊的液体是溶液吗？ （2）什么叫乳浊液？ （3）乳浊液里小液滴的分散均一吗？稳定吗？	分组实验完成书上P29表格 阅读教材P29～P30 不是溶液。 归纳乳浊液的定义：小液滴分散到液体里形成的混合物叫做乳浊液。 稳定。	锻炼动手能力分析问题解决问题的能力以及阅读能力。

中
篇
经典教学课例

79

教学流程	教师活动	学生活动	设计意图
反馈练习	1. 你家中餐具上的油污是如何清洗的？ 2. 洗涤剂为什么能除油污？	1. 加洗涤剂 2. 有乳化作用	
归纳总结	1. 乳浊液和溶液的关系 小液滴分散到液体里形成的混合物叫做乳浊液。 乳浊液不是溶液。	记录	
实验探究	指导实验：NaCl、NH₄NO₃、NaOH 固体分别溶解在水中，探究它们溶解于水时是放热还是吸热？	学生分组实验 1. 设计实验方案 2. 做实验 3. 实验记录 4. 得出结论	培养学生设计实验，记录分析实验结果的能力。
归纳总结	溶解时的吸热和放热现象：NaCl 溶于水时没有明显吸放热现象；NH₄NO₃ 溶于水时吸热；NaOH 溶于水时放热。		
小结	溶液 溶解时的吸放热现象。		
反馈练习	略	略	巩固新知
知识拓展 化学与生活	1. 在厨房里或医院里你见过哪些溶液？ 2. 什么在溶液中进行的化学反应比较快？ （提示：从微观角度去思考） 3. 除去织物上污渍的方法。 4. 常见的洗涤用品，从效果、价格、洗涤剂中的物质等角度作调查写调查报告。 任选两题		培养学生学以致用的能力。

十、反思

教材处理目的在于使学生实现观察现象——联想生活——归纳结论——总结规律的过程。通过此过程，不仅使学生掌握了溶液的概念，直观地认识溶液，更主要的是培养学生科学的实验方法和严谨的科学态度，及实验归纳的化学学习方法。为以后更好地利用实验探究自然科学知识打下基础；同时帮助学生提高与他人交流、讨论和语言表达能力。

十一、点评

本节课采用引导——探究教学模式，旨在最大限度地提高学生的科学素质。

1. 掌握科学的研究方法和科学的思维方法

通过问题、验证、结论，使学生在获得知识的过程中，逐步懂得研究科学的一般过程，知道观察和实验是获得知识的基本方法，在学习中，养成求异思维的习惯。学生都能各抒己见，发表自己的观点。

2. 实验能力的培养

本节课通过实验操作，分析实验现象这一过程，充分培养了学生的实验能力。学生掌握实验能力，它的重要性在于学生具备观察能力。在这堂课中，在教师的点拨、引导下，学生的实验能力都有进一步的提高。

综上所述，采用引导——探究——归纳教学模式，把素质教育落实到化学的课堂教学中。

中篇 经典教学课例

课例 10　常见的碱

一、课题

人教版　九年级下册　第十单元　课题1　常见的碱

二、内容标准

知道常见酸碱的主要性质和用途，认识酸碱的腐蚀性。

三、教材分析

本节课是在《常见的酸》的基础上进一步认识生活中的化合物——碱，使学生知道常见碱（氢氧化钠和氢氧化钙）的性质和用途，认识碱的腐蚀性。通过对常见碱的学习，使学生进一步体会化学与生产、生活实际的紧密联系，"能从化学的视角去认识社会和生活等方面的有关问题，懂得运用化学知识和方法去治理环境污染，合理地利用化学资源，使学生在面临与化学有关的社会问题的挑战时，能做出更理智、更科学的决策"。同时对于培养学生从诸事物个性中概括出共性并达到认识事物的能力，使学生在增长知识的同时，逐步学会分析和解决问题的方法，培养学生的对比、归纳能力。

四、学情分析

1. 知识技能方面：

已认识了氢氧化钠、氢氧化钙物理性质，二者与酸碱指示剂的作用，氢氧化钙与二氧化碳反应等。

2. 学习方法方面：通过探究学习常见的酸的性质，具备了探究碱的化学性质的基础和能力，为学习常见的碱奠定了物质性质的基础和方法。

五、教学目标

1. 知识与技能

（1）知道常见碱——氢氧化钠和氢氧化钙的物理性质、化学性质（与酸碱指示剂作用、与某些非金属氧化物反应）和用途。

（2）认识碱的腐蚀性。

（3）学会用碱的有关性质解释有关生活现象。

2. 过程与方法

（1）初步学会用探究的方法认识碱的性质，学习对比归纳学习方法。

（2）通过实验探究，初步学会"实验——观察——分析——归纳"的思维方法。

（3）通过探究碱的腐蚀性、碱性等活动，体会对照实验在科学探究中作用，树立严谨的科学态度。

3. 情感、态度和价值观

（1）通过对强碱的腐蚀性的学习，树立安全使用腐蚀性药品的意识。

（2）通过对氢氧化钠的腐蚀性、与二氧化硫反应的探究，初步建立科学的物质观及合理使用化学物质的意识。使学生感受化学对社会发展的积极作用，初步形成主动参与社会决策的意识。

六、教学重点

碱的腐蚀性　碱的化学性质

七、教学难点

氢氧化钠与二氧化碳反应。

八、教学方法

1. 实验探究法。
2. 对比、归纳法。

九、教学过程

教学流程	教师活动	学生活动	设计意图
创设情境揭示课题	[投影] 展示叶脉书签图片 [讲解] 制作叶脉书签要用到一种化学物质——氢氧化钠，今天我们学习氢氧化钠、氢氧化钙等常见的碱有关知识。	观看图片，体会叶脉书签的美，感受化学对改善人类生活所起的积极作用。	从生活实际入手，激发学生的学习兴趣。
探究碱的腐蚀性	[提问] 制作叶脉书签利用了氢氧化钠什么性质？为什么不用氢氧化钙？ [投影、展示] 提前3天分别浸泡在蒸馏水中、氢氧化钠溶液、氢氧化钙溶液中的月季花叶。 [提问] 由实验现象你能得出什么结论？ [过渡] 氢氧化钠不但对月季花叶强腐蚀性，对人体同样有腐蚀性。 [指导] 指导学生实验 强调：1. 注意安全 　　　2. 与水作对照及对照实验的原则	思考、回答： 可能是腐蚀性 观察图片，描述月季花叶不同：氢氧化钠溶液中月季花叶叶肉模糊，氢氧化钙溶液中月季花叶略有变黄，蒸馏水中月季花叶无明显的变化。 氢氧化钠溶液、氢氧化钙溶液均有腐蚀性，且氢氧化钠比氢氧化钙腐蚀性强。 实验探究：将两束头发分别加入等量氢氧化钠溶液和蒸馏水中，分别加热至沸腾，观察头发的变化。 体会氢氧化钠强腐蚀性	使学生体会对照实验的作用，培养学生严谨的科学态度通过实验探究，训练学生初步学会"实验——观察——分析——归纳"的思维方法。

教学流程	教师活动	学生活动	设计意图
	[设问] 利用氢氧化钠溶液能腐蚀、溶解头发的性质，在生活中有什么应用？ [资料] 不法商贩用氢氧化钠浸泡鱿鱼，使顾客烧坏口腔、食道。 [展示] 工人师傅洗油烟机的图片 [提问] 工人师傅为什么要戴手套？ [讲解] 要正确使用碱，掌握使用碱的正确方法，防止眼睛、皮肤、衣服被腐蚀，实验时最好戴防护镜。	思考、回答：疏通卫生间下水管道。 观看图片。 体会氢氧化钠的腐蚀性对生活的利与弊，进行价值判断。 回答：氢氧化钠有腐蚀性	培养学生合理使用化学物质的意识，培养学生安全使用化学品的意识。
验证碱溶液的碱性	[提问] 为什么可以用氢氧化钠清洗油污？ [演示] 将等量的植物油分别滴加到等量的蒸馏水和氢氧化钠溶液中，振荡 [讲解] 氢氧化钠能与油脂反应，和氢氧化钠的碱性有关，在生活中可用来除去油污如炉具清洁剂中含有氢氧化钠	思考、回答：可能氢氧化钠和油脂能发生反应 观察现象 油消失了？	以实验直观手段解释生活现象，培养学生从化学的视角看待生活现象。
	[提问] 如何验证氢氧化钠溶液、氢氧化钙溶液的碱性？注意：与中性物质进行对照	思考、回答：用酸碱指示剂实验验证：用点滴板进行实验 描述实验现象。	培养学生实验能力

中　篇　经典教学课例

教学流程	教师活动	学生活动	设计意图
探究碱与二氧化碳反应	[投影]工人师傅用石灰浆刷墙图片 [提问] 1. 石灰浆的成分是什么? 2. 为什么用石灰浆抹墙会使墙变的坚硬? 3. 氢氧化钠能否与二氧化碳反应? [说明]每桌的2瓶饮料瓶中装有等体积二氧化碳气体,一瓶加入约50ml氢氧化钠溶液,另一瓶加入约50ml氢氧化钙溶液,盖紧瓶盖后震荡。观察是否反应。填写记录表。 [提问]氢氧化钠溶液中含有水,二氧化碳也能和水反应。如何进一步设计实验证明氢氧化钠和二氧化碳发生反应? 归纳板书: $Ca(OH)_2+CO_2 = CaCO_3\downarrow+H_2O$ (检验二氧化碳) $2NaOH+CO_2 = Na_2CO_3+H_2O$ (吸收二氧化碳) [应用]氢氧化钠为什么要密封保存?	观看,思考、回答: 1. 氢氧化钙 2. 氢氧化钙与空气中的二氧化碳反应,生成坚硬的碳酸钙 3. 猜想:能反应 进行实验 填写现象、分析被挤瘪的原因,了解氢氧化钠与二氧化碳的作用。 交流原因:气体减少了,压强减小了,瓶被大气压压瘪了。 进一步设计水的对比实验:将和氢氧化钠溶液等体积的水倒入盛有等体积的二氧化碳的软塑料瓶中,振荡,比较塑料瓶变瘪情况 尝试书写方程式。 一名同学板书。	回忆旧知识,从学生已有的知识出发,引出探究问题 训练学生的观察能力、实验能力,让学生体验化学性质。 体验无明显现象发生的实验可借助塑料瓶变瘪等现象判断,体现学科间知识的联系,用氢氧化钠的性质解释生活现象
探究碱与二氧化硫三氧化硫反应	[讲解]二氧化碳为非金属氧化物,二氧化硫、三氧化硫也为非金属氧化物,氢氧化钠、氢氧化钙同样也能与二者发生反应。 [投影]  硫在氧气里燃烧	根据氢氧化钠和二氧化碳反应,推理氢氧化钠和二氧化硫、三氧化硫反应方程式 倾听,体会性质与用途的关系	体会科学探究中的推理与判断 培养学生关注与化学有关的社会问题。树立爱护环境意识

教学流程	教师活动	学生活动	设计意图
	[讲解] 用氢氧化钠溶液吸收硫在氧气中燃烧的二氧化硫，就是利用了氢氧化钠的这一性质。火力发电厂燃煤发电产生大量二氧化硫，2005 年全国产生二氧化硫 2549 吨，若直接排放到空气中，会产生严重的环境问题。 [资料] 火力发电厂采用石灰乳吸收产生的二氧化硫。同时可回收石膏和亚硫酸钙。石膏将用于建筑材料，造纸工艺。 石灰（CaO 或 Ca (OH)₂）乳浆液与二氧化硫的化学反应是： $Ca(OH)_2 + SO_2 == CaSO_3 + H_2O$ $Ca(OH)_2 + SO_3 == CaSO_4 + H_2O$ [提问] 为什么在工业生产中用氢氧化钙吸收硫氧化物？ [资料] 氢氧化钠和氢氧化钙价格	阅读资料，提取有用信息，了解氢氧化钙也能和硫的氧化物反应 进行价格计算	培养学生自主学习能力 用途 反应 性质 体会在实际生产中要综合考虑实际因素，如价格、环境等因素，初步形成主动参与社会决策的意识

（价格计算表）

	NaOH	Ca (OH)₂
反应	$2NaOH + SO_2 == Na_2SO_3 + H_2O$	$Ca(OH)_2 + SO_2 == CaSO_3 + H_2O$
价格	2800 元/吨	380 元/吨
计算	吸收 64 吨 SO₂ 需要氢氧化钠　　元	吸收 64 吨 SO₂ 需要氢氧化钙　　元

教学流程	教师活动	学生活动	设计意图
	总结碱和非金属氧化物反应的性质		
总结归纳	总结应用 用途 ←——— 性质 ———→ 用途 制作叶脉书签 疏通下水管道 清洗油污 生活 腐蚀性 碱性与非金属氧化物反应 化学 化学 吸收硫氧化物、二氧化碳，防止大气污染，减轻温室效应 社会	体会碱的性质和用途	形成学科思想，体现学科理念

中篇 经典教学课例

十、反思

1. 以社会问题为中心，从生活实际出发，侧重知识的应用。即从生活走向化学，每一个知识内容都与生活有着紧密的联系，注意从学生已有的经验出发，让他们在熟悉的生活情景中感受化学的重要性，了解化学与日常生活的密切关系，逐步学会分析和解决与化学有关的一些简单的实际问题。

2. 采用实验探究手段学习碱的性质，对比氢氧化钙、氢氧化钠学习，对学生进行"实验——观察——分析——归纳"的思维方法训练。

3. 充分利用实验提供的感性材料，设置一系列问题，引导学生对实验现象进行观察，层层分析、归纳，在知识的形成、联系、应用过程中养成科学的态度，获得科学的方法，如对照实验。

十一、点评

本节课注重从学生熟悉的日常事物着手来创设学习情景，教师积极引导学生去发现问题，充分发挥以学生为主体，以教师为主导的教学思路，通过"提出问题（发现问题）→实验探究→得出结论"这一系列活动来认识物质的性质，分析现象后得出结论，然后由物质的性质推导出物质的用途，激发学生积极主动地去探究、去学习，培养了学生科学的学习态度，使其真切地体验到探究学习的乐趣，从而收到了良好的教学效果。

一、课题

人教版　九年级下　第十单元　课题 2　酸和碱之间会发生什么样的反应（第 1 课时）

二、内容标准

课程标准中属于一级主题《身边的化学物质》下的《生活中的化合物》。

三、教材分析

前面单元已介绍单质 O_2 及一类单质金属和 CO、CO_2 等具体化合物的知识，第十单元是对酸、碱一类化合物的介绍。本课是在《常见的酸和常见的碱》的基础上对酸碱之间反应的学习，通过本节课的学习，使学生进一步了解酸和碱之间反应的知识，在头脑中建立对酸和碱这两类化合物间相互反应的认识，构建知识体系。进一步从微观的角度认识化学反应本质。由于酸和碱之间的中和反应在生产、生活中应用广泛，因此通过对中和反应的学习，可以使学生进一步体会化学与生产、生活实际的紧密联系，激发学生学习化学的兴趣，能从化学的视角去认识社会和生活等方面的有关问题。

四、学情分析

根据已有的教学经验，了解到大部分学生已了解常见的酸碱具有的性质，以及具有通性的原因，但对酸碱之间的反应知之甚少；在此前学生接触的化学变化一般都伴随有明显的现象发生，但学生在第六单元课题 3 中已经探究过二氧化碳与水反应生成碳酸的问题，并在本单元课题 1 中已经掌握指示剂来标识溶液的酸碱性的方法，具有了间接观察推论化学变化的经验；对于对照实验同学们通过探究二氧化碳和氢氧化钠溶液的反应认识到对于一个反应如何设计对照实验，但并未真正掌握，仍需进一步加强对照实验。

五、教学目标

1. 知识与技能

（1）通过生活情景和实验知道酸碱能发生中和反应；

（2）通过分析了解中和反应的概念和反应实质；

（3）了解中和反应在实际生活中的应用。

2. 过程与方法

（1）学会借助指示剂分析中和反应的方法；

（2）在得出结论和分析原因的过程中体验从个别到一般，从宏观到微观的的思维方法；

（3）培养用所学知识解决实际问题的能力。

3. 情感、态度和价值观

（1）认识化学与人类生活、生产、健康的密切联系，体会化学的重要性。

（2）体验化学活动充满探究性，培养勇于创新和实践的的科学精神。

六、教学重点

中和反应　中和反应在生活中的应用

七、教学难点

借助指示剂分析中和反应的方法；

八、教学方法

1. 实验探究法：通过实验探究酸和碱之间的反应，从探究中发现问题，分析问题，从而提高学生解决问题的能力。

2. 引导探究法：教师灵活的引导情境，学生灵活的实验探究

3. 合作学习法：让学生在讨论交流中取长补短，培养学生的合作竞争意识

九、教学过程

教学流程	教师活动	学生活动	设计意图
环节一：从生活中的情境引入	[图片] 情景引入 1. 用硼酸溶液处理残留在皮肤上的氢氧化钠。（在讲课本氢氧化钠腐蚀性时，学生已经了解） 2. 食用皮蛋时可用醋来消除皮蛋由碱引起的涩味。（在讲本单元常见的碱氢氧化钙制备：生石灰与水反应转化成熟石灰，已向学生渗透的） 3. 浓盐酸泄漏用大量的水冲洗后，防止污染周边环境用熟石灰处理。（在讲本单元浓盐酸的性质时，已向学生介绍过） [思考1] 情境中涉及了哪几类物质？ [思考2] 情境中的酸和碱能否发生反应？	[观看思考] [回答1] 酸和碱 [回答2] 依据情境猜测，能反应	从学生了解的情境引入激发学生兴趣，进一步引发学生思考。
环节二：实验探究验证酸碱之间能发生反应	[过渡] 我们通过实验来验证一下情景3中氢氧化钙和盐酸能否发生反应。	[组织学生进行分组实验] [实验1] 将一包0.4g的熟石灰倒入盛有25ml盐酸的烧杯中，搅拌。观察并记录现象。	通过加入到烧杯1中熟石灰全部消失的现象，通过实验感知氢氧化钙

教学流程	教师活动	学生活动	设计意图
	[提问] 上述实验能否说明氢氧化钙与盐酸发生反应？你有何想法？	[记录现象] 加入的熟石灰全部消失 [回答1] 不能，因为有可能是氢氧化钙溶解到盐酸中的水里，应该取 25ml 的水于另一只烧杯中，加入 0.4 的氢氧化钙，观察现象，进行对比试验。 [回答2] 能，因为氢氧化钙微溶于水，20℃时氢氧化钙的溶解度为 0.17g	碱和盐酸酸之间能反应的结论。为学生下面探究氢氧化钠和稀盐酸能否反应作了知识上的铺垫。
	[过渡] 我们已经知道情境3中是利用了氢氧化钙可以与稀盐酸反应从而消除了盐酸对环境的危害。 [提问] 与氢氧化钙类似的氢氧化钠是否也能与盐酸反应呢？ [演示] 演示实验将一定量的氢氧化钠溶液与一定量的稀盐酸混合，观察现象。 [提出问题] 无明显现象说明了什么？如何证明你的猜想呢？ [引导] 氢氧化钠无色溶液和稀盐酸无色溶液混合，得到的还是无色液体，要想证明反应是否发生，我们如何使反应显色呢 [引导] 氢氧化钠溶液显碱性可通过滴加什么，可使其显色明显？该如何改进我们的实验？如何操作才能使酸碱恰好反应	[观察] 无明显现象 [猜想] 可以反应 [猜想] 可能没反应 可能反应了，生成了可溶物，反应后得到了无色溶液。 [回答] 紫色石蕊或无色酚酞 [设计方案] 先将溶液中滴加 2 滴酚酞或紫色石蕊溶液，再逐滴滴加稀盐酸，边滴加边搅拌。 [进行试验并得出结论] 氢氧化钠与盐酸也能发生反应。	混合后无明显变化，形成学生的认知冲突，在反思的过程中体会指示剂在酸碱中和中的作用。

教学流程	教师活动	学生活动	设计意图
环节三：建立概念	[展示] 氢氧化钠与盐酸反应的微观示意图。 [思考] 反应后生成了什么新物质呢 [讲解] 氯化钠溶解在水中形成了无色的氯化钠溶液，溶液呈现中性。请大家书写这两个反应的方程式。 [提问] 请分析以上两个反应中除了水以外各物质属于哪类物质？ [讲解并板书] 中和反应： 酸＋碱→盐＋水 [问题] 盐酸和氧化铁反应，氢氧化钠与二氧化碳反应都生成盐和水，他们属于中和反应吗？	[观察] 反应过程中酸中的氢离子和碱中的氢氧根离子结合生成了水分子，钠离子和氯离子没有改变。 [书写] 1. 氢氧化钠和盐酸反应的化学方程式。 2. 氢氧化钙和盐酸的化学方程式。 [回答] 酸和碱反应生成盐和水。 [笔记] [回答] 中和反应是酸和碱之间的反应，所以这两类反应都不是。	通过直观形象的图片解释反应过程中微粒的变化，帮助学生完成从宏观到微观，从感性到理性的过渡，引导学生建立正确的化学反应微粒观。采用归纳法得出酸和碱发生中和反应的结论。
环节四：中和反应在实际中的应用。	[过渡] 通过以上学习我们知道了酸和碱之间发生了中和反应。 [问题] 再次展示情境12中的图片 [问题] 1. 用硼酸溶液处理皮肤上残留的氢氧化钠的原理是什么 2. 为什么食用前用食醋除去皮蛋中的涩味 [讲解] 这两个事实说明可以用酸来处理残留的碱和含有的碱。 [阅读课本完成学案] 59～60页中和反应在实际生活中的应用。 [归纳] 这三个事实说明可以用碱来处理残留的酸和含有的酸。 [展示实验过程并提问] 今天我们做了三个实验产生了三杯废液，能否直接倒入下水道中？是否有其他处理方式？	[回答] 硼酸溶液能与残留在皮肤上的氢氧化钠发生中和反应；用食醋可以中和皮蛋中的碱，从而使皮蛋的口感更佳。 [完成学案] 1. 选择_____中和酸性土壤。 2. 硫酸厂的污水，可用_____中和处理。写出化学方程式：_____。 3. 胃酸过多可以服用含_____的药物，以中和过多的胃酸。	培养学生用化学的视角分析生活中常见的现象并提高学生分析问题的能力。 使学生进一步感知中和反应在实际生活和生产中的广泛应用，体现中和反应的重要性。 通过设计方案解决实际

中篇 经典教学课例

教学流程	教师活动	学生活动	设计意图
环节五：回顾与反思	[提问] 以上事例中你认为没有选择氢氧化钠的原因有哪些？ [展示] 氢氧化钠、氢氧化钙价格表 [回顾] 通过本节课的学习你有哪些收获	[交流与表达] 4. 蚊虫叮咬后，在人的皮肤内分泌出蚁酸 [回答] 有的同学说能直接倾倒。 有的同学说不能倾倒，要先分析废液的酸碱性。 [学生讨论并完成学案后汇报]	培养学生参与社会决策的意识。加深对中和反应的理解，渗透利用所学的知识解决实际问题的方法，培养学生环保意识。

十、反思

以社会问题为中心，从生活实际出发，侧重知识的应用。即从生活走向化学，注意从学生已有的经验出发，让他们在熟悉的生活情景中感受化学的重要性，了解化学与日常生活的密切关系，逐步学会分析和解决与化学有关的一些简单的实际问题。在注重学生对科学知识的掌握和理解的同时，更加注重了学生在活动中进行科学探究，使学生在活动过程中的参与意识、合作精神、实验操作、探究能力都得到了最大的发挥。对知识理解和认识水平、分析问题和解决问题的能力在探究中得到了提高。教师起着组织者、引导者、合作者的作用。学生是课堂的主体，通过师生互动、生生互动主动构建知识。

十一、点评

1. 采用实验探究手段学习酸与碱之间的相互反应，选取素材紧扣教材内容，为初中课程要求的重点反应，符合课标中基础性、启蒙性。

2. 充分利用实验提供的感性材料，引导学生对实验现象进行观察，层层分析、归纳，在知识的形成、联系、应用过程中养成科学的态度，获得科学的方法。

附件

实验记录表

小组成员：_____ _____ _____

探究实验1：为什么盐酸罐装车泄漏用石灰进行抢险

操作	现象	结论
1. 向盛有25ml稀盐酸的烧杯1中加入一小包熟石灰(0.4g)，搅拌		
2.		

探究实验2：氢氧化钠与盐酸之间能发生反应吗（友情提示：设计并使用烧杯3完成实验，填写下表）

操作	现象	结论及方程式

探究实验3：实验产生了三杯废液，能否直接倒入下水道中？

形成过程	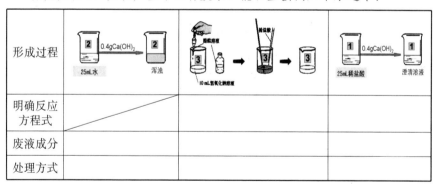		
明确反应方程式			
废液成分			
处理方式			

中和反应的应用：

1. 选择_____中和酸性土壤。

2. 硫酸厂的污水，可用_____中和处理。写出化学方程式：_____。

3. 浓盐酸泄漏，用大量水冲洗后，可用_____来中和。

以上三个事例中你认为没有选择氢氧化钠溶液的原因可能是：_____

中篇 经典教学课例

3. 物质构成的奥秘

课例 12　原子的构成

一、课题

人教版　九年级上　第四单元　课题 1 原子的构成

二、内容标准

1. 知道原子是由原子核和核外电子构成的。

2. 知道原子可以结合成分子、同一元素的原子和离子可以互相转化，初步认识核外电子在化学反应中的作用。

3. 利用相对原子质量、相对分子质量进行物质组成的简单计算。

三、教材分析

本课题属于课程标准中一级主题《物质构成的奥秘》下的二级主题《微粒构成物质》，标准要求知道原子是由原子核和核外电子构成的。

本课题是在第三单元介绍了分子和原子构成宏观物质，化学反应的实质是分子分裂为原子，原子重新组合成分子等知识的基础上，进一步从微观的视角理解化学现象的本质，认识物质的结构与性质之间的联系。本课题包括原子的构成和相对原子质量两部分内容。原子的构成是学习物质结构理论和认识元素的基础（具体如下图），有助于学生更深入地认识物质的微观构成，为认同"物质是可分的"辩证观点奠定基础。因此，原子的构成是本单元乃至整个初中化学学习的重点。

四、学情分析

1. 已有知识方面

（1）物质是由分子、原子等微粒构成的，分子是由原子构成的。

（2）分子是保持物质化学性质的最小微粒。原子是化学变化中的最小粒子。

（3）化学变化本质上是原子之间的重新组合。

2. 学习主要困难

对微观世界缺乏感性认识，缺乏微观想象力，对原子的理解是实心球体，对原子构成粒子的种类、带电量和电性主要靠记忆，容易出现张冠李戴的情况。

五、教学目标

1. 知识与技能

（1）了解原子是由原子核和核外电子构成的，原子核是由质子和中子构成的，质子带正电，中子不带电。

（2）初步了解相对原子质量的概念，并会查相对原子质量表。

2. 过程与方法

（1）通过了解原子结构模型的发展历程，体验"实验现象——推理假设（分析或）——建立模型"的建模方法。

（2）通过阅读资料、图表获取信息，初步学会运用比较、归纳、概括等方法对获取的信息进行加工。

3. 情感态度和价值观

（1）利用原子结构的科学史实，使学生了解科学家严谨求实的科学态度。

（2）通过对原子构成问题的探究，进一步体会"物质是可分"观点。

六、教学重点

原子的构成

七、教学难点

质子、中子、电子之间电性和电量关系，相对原子质量的概念。

八、教学方法

以化学史为材料，以讨论为主的科学探究方法以及类比、建立模型的方法。

从学生对微观世界的已有认识入手，引导学生阅读原子结构发现历史资料，使学生建立原子是可分，原子由原子核和核外电子构成，再引导学生阅读教材图表，进一步认识原子的结构，通过类比引入相对原子质量概念，加深学生对原子构成的认识。

九、教学过程

教学流程	教师活动	学生活动	设计意图
复习回忆 揭示课题	[展示] 一个水分子模型 [提问] 1. 这是一个什么模型？不同小球代表什么？ 2. 化学变化中分子是否可分？ 3. 原子是否可分？	[观察、思考、回答] 1. 一个水分子模型。不同的小球代表不同的原子 2. 化学变化中分子可分 3. 学生猜想可能可分也可能不可分 倾听体会	从学生已有的知识点入手，并逐步扩展，去感知未知的领域。既能巩固旧知识，提高兴奋度，又能突出新概念，激发好奇心。

教学流程	教师活动	学生活动	设计意图
	[讲解] 我们知道化学反应的实质是分子分裂为原子，原子重新组合为原子的过程。要了解原子是如何组合为分子的等问题，我们有必要先了解原子的构成。 [板书] 第四单元　物质构成的奥秘 课题1　原子的构成		
原子结构发现史资料	1808年，英国科学家道尔顿（近代化学之父）提出了原子论。他认为物质都是由原子直接构成的；原子是一个不可再分割的实心球体；同一类原子性质相同；不同的原子是以简单的整数比相结合。 　　1897年，英国科学家汤姆生通过实验发现原子中存在电子。在电子发现以后，原子究竟是什么样的？人们当时还不清楚，只知道原子中有带负电的电子存在，并且知道原子是电中性的。根据这些仅有的事实，汤姆生提出了原子的西瓜模型。他认为原子是一个球体，带正电的部分像"流体"一样均匀分布在整个球内，电子则像西瓜里的西瓜子那样镶嵌在瓜瓤里。 　　为了验证汤姆森提出的原子的"西瓜模型"是否正确，1910年英国科学家卢瑟福做了一个实验：用一束质量比电子大很多的带正电的高速运动的α粒子轰击金箔，原子结构如果真的是汤姆所说的西瓜型，α粒子就会顺利地穿过松软的瓜瓤而笔直地前进。结果是大多数粒子能穿过金箔且不改变原来的前进方向，但也有一小部分改变了原来的方向，还有极少数的α粒子被反弹了回来。对于这个情况，卢瑟福自己描述得非常形象："这就像你用十五英寸的炮弹向一张纸轰击，结果这炮弹却被反弹了回来，反而击中了你自己一样"。他于是决定修改汤姆逊的西瓜模型。他认识到，α粒子被反弹回来，必定是因为它们和金箔原子中某种极为坚硬密实的核心发生了碰撞。这个核心应该是带正电，而且集中了原子的大部分质量。但是，从α粒子只有少部分出现大角度散射这一情况来看，那核心占据的地方是很小的，不到原子半径的万分之一。据此他提出了带核的原子结构模型：原子是由原子核和核外电子构成。 　　人类认识原子的历史是漫长的，也是无止境的。在认识到原子可以分为原子核和核外电子以后，人们又开始尝试去探索、认识原子中那个体积很小但是质量很大的原子核的内部结构。科学家根据卢瑟福的经验，依然采用高能量的粒子撞击的方法去研究原子核的组成。经过多次努力，科学家最终发现原子核是由更小的两种粒子质子和中子构成的。		

新课程化学怎么教

教学流程	教师活动	学生活动	设计意图
新课学习	提出问题，引导学生阅读资料	阅读回答：	使学生认识到在科学活动过程中，实验很重要，但仅靠实验是不够的，怀疑、想象、推理同样必不可少
1. 原子结构发现历史	1. 请描述道尔顿的原子结构模型？	原子是不可分割的实心球体	
	2. 汤姆生发现了什么？有没有发现带正电的物质？	汤姆生发现了电子，没有发现带正电的物质。	
	3. 汤姆生发现电子后采用什么方法建立了怎样的原子结构模型？	采用推理、假设的方法建立西瓜模型（原子是一个平均分布着正电荷的球体，其中镶嵌着许多电子）	学习科学家不畏权威、勇于探索的科学精神和百折不挠、认真、细心的科学态度
	4. 卢瑟福的原子结构模型是怎样的？他为什么要修正汤姆生的原子结构模型？	原子中有原子核，行星式结构	
	5. 动画展示α粒子散射实验现象。		
	6. 汤姆生修订道尔顿实心球模型的过程，体现了科学家怎样的科学方法和科学态度？	总结归纳得到模型建构的科学研究方法：证据→推理、假设→模型	
	7. 原子核由什么构成？	归纳、整理对原子的认识	
2. 原子构成基本知识的分析讲解	引导学生阅读教材表4-1、图4-2构成原子的粒子的电性和电量，师生共同总结概括出原子构成的基本情况：	带着问题阅读教材表4-1、图4-2，交流讨论对原子构成的认识，完成表格填空和树枝图	通过阅读图表，培养学生获取信息的能力，帮助学生在头脑中建立对原子结构的正确认识

教学流程	教师活动	学生活动	设计意图
	[板书] 一、原子的构成 原子 { 核外电子 每个电子带一个单位负电荷 原子核 { 质子 每个质子带一个单位正电荷 中子 不显电性 } }	归纳整理完成学案 |	位置	电性	特点 | |---|---|---|---| | 原子核 | 居原子中心 | 带正电 | 体积小质量大（原子的主要质量都集中在核上）| | 核外电子 | 居于核外 | 带负电 | 绕核按一定规律高速运动 |	
	1. 组织学生根据碳、氢、氧等原子构成，比照锂原子的构成图，画出碳、氢、氧等原子构成图。 2. 组织学生交流发现原子构成中的一些规律。 归纳整理：PPT （1）核电荷数＝质子数＝核外电子数。 （2）中子数不一定等于质子数。 （3）原子内可以没有中子。 （4）不同种类的原子，核内的质子数不同，核外的电子数也不同。	找两名同学到黑板上画出氢原子、氧原子的构成。其他同学在学案上画 读4-2表思考，得出结论	通过活动体会原子的结构及不同原子结构不同
3. 讲解相对原子质量的概念	[投影] 煤、小米、黄金、药品成分图片 1. 购买以上物质通常采用哪些计量单位？	学生体会：为了方便不同物质的质量采用不同的计量单位	利用类比的方法使学生体会：为了方便不同物质的质量采用不同的计量单位

中篇 经典教学课例

教学流程	教师活动	学生活动	设计意图
	PPT；列出几种不同原子（氢原子、碳原子、氧原子）的实际质量和相对原子质量	学生体会：用原子质量交流不便，书写繁琐	
	PPT；氢原子、氧原子相对原子质量分别为 1 和 16 的由来，以此介绍相对原子质量	理解相对原子质量的概念	
	[板书]二、相对原子质量 PPT：1. 某原子的相对原子质量 $=\dfrac{\text{一个该原子的质量}}{\text{一个（碳 12）原子的质量}\cdot\frac{1}{12}}$ $Ar=\dfrac{m_{原子}}{1.6606\times10^{-27}\text{千克}}$ $m_{原子}=Ar\times1.6606\times10^{27}$ 千克	完成学案，理解相对原子质量的含义	
	2. 利用天平模型来解释其中的原理，一端是一个氧原子，而另一端则是 16 份碳原子质量的 1/12，因此氧的相对原子质量是 16 的真正含义是一个氧原子的质量是碳原子质量的 1/12 的 16 倍	使学生体会到了利用这种方法的简洁和便利	
	3. 引导学生阅读元素周期表，查出一些元素原子的相对原子质量。	利用元素周期表查出一些元素原子的相对概念。	

教学流程	教师活动	学生活动	设计意图
总结归纳	1. 展示图片。 2. 提问氢原子、氧原子的构成情况。 3. 请学生谈一谈从原子发现史中学到哪些科学方法、科学态度和科学精神？ 4. 以对联形式结束本节课。 观微观世界精彩，探原子结构奥秘，横批：小中有小	1. 观看图片。 2. 思考、回答氢原子、氧原子的构成情况。 3. 思考、回答谈体会。	使学生进一步体会物质是可分的观点。
课堂反馈	1. 锂电池可用作心脏起搏器的电源。已知一种锂原子核内含有 3 个质子和 4 个中子，则该原子的核外电子数为 A. 1 B. 3 C. 4 D. 7 2. 氧是地壳中含量最多的元素。已知一种氧原子，原子核内含有 8 个质子和 10 个中子，则该氧原子核外电子数为 A. 2 B. 8 C. 10 D. 18		
作业	展开你想象的翅膀，发挥你的聪明睿智，亲自动手制作一个原子模型，然后你"钻"进去，邀游原子"狭小"而又"宽广"的天空，写一篇介绍原子构成的科普小文与同学们交流。要求：通俗易懂，文笔流畅，400 字左右。		
板书设计	课题1：原子的构成 一、原子的构成 原子 { 核电子 每个电子带一个单位负电荷 原子核 { 质子 每个质子带一个单位正负荷 中子 不显电性 原子不显电性：核电荷数＝质子数＝核外电子数 二、相对原子质量 1. 相对原子质量＝一个原子的质量/一个碳原子质量的1/12 2. 原子的质量主要集中在原子核上。		

十、反思

1. 原子结构发现史资料内容偏多，学生阅读需要一定时间，另外，课堂上教师给学生阅读的时间偏少，使学生阅读不充分。

2. 教师语言不够简练，较多占用学生活动时间，学生活动不够充分。

十一、点评

1. 将原子结构发现史以资料形式呈现给学生，引导学生通过阅读提取信息，组织学生扮演不同时期的科学家进行对话、交流、讨论，学生学习兴趣高。他们在轻松的过程中了解了原子构成有关知识，并体验了科学家建立模型的方法，学习了科学家进行科学研究的态度和科学精神。

2. 用在日常生活购买煤、小米、黄金使用合理计量单位来类比方使用相对原子以衡量原子的质量，将相对原子质量的概念转化成数学公式形式，并进行变形成如下形式：$m_{原子} = Ar \times 1.66 \times 10^{-27}$ 千克，建立天平模型，使学生直观理解原子质量和相对原子质量的关系，用相对原子质量可以比较不同原子质量的大小。

一、课题

人教版　九年级上册　第三单元　课题 2　分子和原子（第 2 课时）

二、内容标准

1. 认识物质的微粒性，知道分子、原子、离子等都是构成物质的微粒。

2. 能用微粒的观点解释某些常见的现象。

3. 知道原子可以结合成分子。

4. 认识化学变化的基本特征，理解反应现象和本质的联系。

三、教材分析

第三单元《自然界的水》课题 2《分子和原子》是引领学生从五彩缤纷的宏观世界步入充满神奇色彩的微观世界的开端，包括分子的性质、分子和原子的区别与联系、从微观的角度解释物质的变化和物质的分类等内容，和第四单元《物质构成的奥秘》同属初中化学课程标准中的一级主题"物质构成的奥秘"。本课题的教学对学生学习后续单元知识有直接的影响。

本节课是在初步建立"物质是由微粒构成的，微粒的质量、体积很小、微粒是不断运动的、微粒之间有间隔"等观念及能用微粒的观点解释日常生活中的一些物理现象的基础上，进一步认识分子、原子，了解分子与原子的区别与联系，从而使学生明确化学反应的实质，为第五单元《质量守恒定律》、《化学方程式的书写》的学习奠定了基础。同时，使学生初步体会宏观物质、微观粒子及化学符号相结合的思维方式。

四、学情分析

1. 学生已有的认知基础

（1）认识到物质是由肉眼看不到的微粒构成的，构成物质的微粒有分子、原子、离子，微粒是不断运动的，微粒之间有间隔等。

（2）能用微粒的观点解释一些常见的物理变化。

（3）初步建立宏观与微观相结合的思维方式。

2. 学生学习本课的困难或可能出现的问题

（1）不能理解原子按一定方式和数目结合成分子。

（2）不能理解分子的概念。

（3）化学反应的微观过程较抽象，不易理解。

五、教学目标

1. 知识与技能

（1）知道分子是由原子构成的。

（2）了解化学反应的实质。

（3）了解分子、原子的概念及二者的区别与联系。

（4）能用分子、原子的观点解释一些化学变化。

2. 过程与方法

（1）通过研究分子、原子等微粒，体会建立模型研究微观粒子学科方法。

（2）通过分析宏观物质与微观粒子，初步建立宏观物质、微观粒子及化学符号相结合的思维方式。

3. 情感、态度和价值观

通过学习化学反应的微观实质，体会"现象与本质的关系"。

六、教学重点

分子、原子模型的建立和化学反应的微观实质。

七、教学难点

分子、原子的概念。

八、教学方法

1. 模型法。
2. 表格分析法。

九、教学过程

教学流程	教师活动	学生活动	设计意图
创设情景 导入新课	[展示] 一杯水 [设问] 从微观的角度谈你对这杯水的认识。	观察、思考、回答： 1. 水是由大量水分子构成的；水分子质量体积很小；不断地运动，温度越高，分子运动速度越快；分子之间有间隔。	复习旧知，使学生的思维方式由宏观转入微观，为后面学习作准备。
新课学习 了解分子 是由原子 构成的	[展示] 氧气、氢气、水、过氧化氢的分子模型 [引导分析] 四种分子的构成有什么不同？你对分子有哪些新的认识？	观察氧气、氢气、水、过氧化氢的分子模型 分析、比较四种分子构成特点，在教师的引导下，可初步得出如下结论：	采用直观手段展示学生熟悉的构成物质的分子模型，使学

教学流程	教师活动	学生活动	设计意图
		1. 分子是由原子构成的；有的分子由同种原子构成，有的分子由不同种原子构成。 2. 相同种类的原子以不同的个数比可以构成完全不同的分子。	生体会建立模型研究微观粒子学科方法，同时培养学生对比分析、归纳的能力。
	[提问]从分子角度看水的蒸发和水的电解两种变化有什么不同？ 评价、完善学生的答案，[投影] 	物质	构成驯拉	物理性质	化学性质
水		无色液体	在通电条件下分解
水蒸气		无色气体	在通电条件下分解
过氧化氢		无色液体	常温下缓慢分解
氢气		无色气体	可以燃烧
氧气		无色气体	支持燃烧 | [投影]氧气、氢气、水、水蒸气和过氧化氢的部分物理性质、化学性质及构成微粒。 [引导分析] 1. 水与水蒸气比较：相同点是什么？不同点是什么？ 2. 水与过氧化氢比较：相同点是什么？不同点是什么？ 构成的物质分子相同，化学性质相同； 构成的物质分子不同，化学性质不同； 分子是保持物质化学性质的最小微粒。	思考、回答： 水的蒸发是物理变化，水的电解是化学变化。 倾听、理解物理变化和化学变化的微观不同： 物理变化：分子本身不发生变化。 化学变化：分子发生改变，变成其他分子。 观察、分析： 1. 相同点是构成物质微粒相同，化学性质相同，不同点是部分物理性质不同。 2. 相同点是物理性质相同，水分子和过氧化氢分子均有由氢氧原子构成，不同点是构成物质微粒不相同，化学性质不相同。 3. 相同点是水分子和氧分子中均含有氧原子，水分子和氢分子均含有氢原子构成，不同点是构成物质微粒不相同，物理性质、化学不同。 思考、回答：	将宏观现象与微观变化结合起来分析，并以模型的形式展示微观变化过程，便于学生理解。 通过分析宏观物质的性质，在感性认识的基础上建立微观概念，同时培养学生对比分析、归纳的能力。

教学流程	教师活动	学生活动	设计意图
	一氧化碳 CO 能够在空气中燃烧　你能解释吗？ 　　　　　　——为何化学 二氧化碳 CO_2 不支持燃烧　性质不相同？ 3. 水与氧气、氢气比较，相同点是什么？不同点是什么？ 4. 构成物质的微粒和物质的性质之间有怎样的关系？ 5. 氢原子和氧原子是保持水、过氧化氢化学性质的最小微粒？是否正确？ 评价学生答案，归纳板书分子的概念，（见板书设计）并利用分子的概念解决问题。 [投影]水分解示意图 介绍：两个水分子、两个氢原子、一个氧原子的表示方法 [提问] 观察水分解示意图 (1) 你能从中发现分子、原子在化学变化中有哪些变化规律？ 从分子、原子观点出发，你认为化学变化的实质应该是什么？ (3) 根据化学变化的实质，你知道什么叫原子吗？ (4) 根据化学反应的实质，你认为分子和原子有什么不同？ 评价、完善学生的答案，得出以下结论： 1. 化学变化中，分子发生变化，原子种类、数目均未发生变化。 2. 化学反应过程就是分子分裂为原子，原子重新组合的过程。 3. 原子是化学变化中的最小微粒。 4. 化学变化中，分子可分，原子不可分。	虽然水、过氧化氢分子中均含有氢原子和氧原子，但二者化学性质却不相同，因此氢原子和氧原子不是保持水、过氧化氢化学性质的最小微粒。	

中
篇
经典教学课例

教学流程	教师活动	学生活动	设计意图
	[播放视频]氧化汞受热分解 [展示]氧化汞分解示意图 **氧化汞分解演示实验** 氧化汞 → 汞 + 氧气 (HgO)　　(Hg)　(O₂) 注意:金属汞由汞原子直接构成 原子是化学变化中的最小粒子 用分子原子的观点解释氧化汞受热分解 [讲解、归纳、板书] 二、原子:化学变化中的最小微粒 三、化学反应的实质是:分子分裂为原子,原子重新组合的过程 反应前后原子的种类、数目不变,元素的种类不变 四、分子发生改变 [设问]1.通过本节课的学习,你认为分子和原子的区别和联系是什么? 小结1 |	分子	原子
---	---	---
概念	分子是保持物质化学性质的最小微粒	原子是化学变化中的最小粒子
区别	化学变化中,分子可分,原子不可分	
联系	1.分子是由原子构成的。2.化学反应的实质:分子分成原子,原子重新组合成新的分子。 物质—分子—原子	| 2.如何从分子、原子的角度认识物质的分类? 小结2:从微观角度认识物质分类 物质 { 混合物 / 纯净物 { 化合物—水 / 单质—氧气 } }	观察、思考、分析: 1.水分解过程中,水分子发生变化,氢原子和氧原子及其数目均未发生变化。 2.水分解过程就是水分子分裂为氢原子和氧原子,每两个氢原子结合成一个氢分子,两个氧原子结合成一个氧分子。 理解、领悟 观看视频,对氧化汞分解实验有一定的感性认识。 加热红色的氧化汞粉末时,氧化汞分子会分解成氧原子和汞,每2个氧原子结合成1个氧分子,许多汞原子聚集成金属汞。	通过分析宏观物质与微观粒子,初步建立宏观物质、微观粒子及化学符号相结合的思维方式。 通过分析水分解示意图,使学生了解化学反应实质,建立原子的概念。 通过分析氧化汞分解示意图,进一步加深认识。

教学流程	教师活动	学生活动	设计意图
总结归纳	3. 如何从分子、原子的角度认识物质的变化？ 小结：从微观角度认识物质变化 物质变化 —— 物理变化｛溶解、挥发、扩散、热胀冷缩｝—— 分子不断运动、分子间有间隔，分子本身不发生变化。 物质变化 —— 化学变化｛水的电解、氢气燃烧、过氧化氢分解｝—— 分子分成原子，原子重新组合成新的分子	思考、分析 先从物质组成的角度给空气、氧气、水分类，再从微观角度认识混合物、纯净物、单质和化合物。	通过对比、归纳法，加深对分子、原子的认识，并引导学生梳理相关知识，建立知识之间的联系。
板书设计	课题2　分子和原子 一、分子是保持物质化学性质的最小微粒 　　同种物质的分子，性质相同； 　　不同种物质的分子，性质不同。 二、原子是化学变化中的最小微粒 三、化学反应的实质是： 　　分子分裂为原子，原子重新组合的过程。 四、化学变化中，分子可分，原子不可分。		

十、反思

由于本节课是通过教师设置一系列问题，引发学生思考，从而推动教学过程。但在实施过程中，问题不够精炼，教学过程有些拖泥带水，教师语言不够简练。另外，本节课的内容较抽象，不易理解，还需更多练习与巩固。

十一、点评

本节课涉及化学概念较多，知识内容较多且抽象，学生不易理解，针对此特点，教师采取了以下策略，取得一定效果。

1. 用直观手段展示不同分子的模型以及水分子、氧化汞分子分解示意图的图片，使学生认识到分子和原子的关系以及化学反应的微观过程。

2. 从宏观现象入手，对比分析氧气、氢气、水和过氧化氢的部分物理性质、化学性质及构成微粒。构成四种物质的微粒不同，四种物质化学性质不同，而某些物理性质相同。进而帮学生建立分子的概念，进一步以资料的形式介绍一些由分子构成的物质的化学性质，加深对概念的认识。

3. 以表格的方式对比分析分子、原子的区别和联系，归纳总结物理变化和化学变化的微观区别，比较纯净物和混合物、单质和化合物的微观构成不同，进一步加深对分子、原子的认识，突破难点。

一、课题

人教版　九年级上　第四单元　课题 4　化学式与化合价（第一课时）

二、内容标准

1. 认识物质的微粒性，知道分子、原子、离子等都是构成物质的微粒。

2. 能用化学式表示某些常见物质的组成。

3. 能看懂某些商品标签上标示的物质成分及其含量。

三、教材分析

《化学式与化合价》是初中化学上册教材第四单元课题 4 的内容，第三单元以学生熟悉的物质水为载体，介绍了水的宏观组成和微观构成，让学生初步认识了物质、元素、分子、原子之间的关系，通过介绍水、氧气、氢气等分子模型，使学生初步认识到化学式的含义，也就是说前三个单元的教学已渗透了本课题的内容。通过本课题的学习，将使学生进一步建立物质是由微粒构成的观念，用化学语言进行表述，使学生形成"宏观——微观——符号"的化学思维方式。同时，进一步体会建立模型研究微观粒子的学科方法。

四、学情分析

1. 学生已有认知基础：本课题是在学习了元素符号这一最基础的化学用语基础上的二级化学用语，学生已经会写了二十多种物质的化学式，

中篇　经典教学课例

也已经知道了物质的宏观组成和微观构成，此时系统学习化学式就显得很重要了。

2. 学生学习本课题的困难和可能出现的问题：本课题的学习离学生实际生活较远，由于学生对原子、离子和分子的认识还比较粗浅，几种粒子之间存在的区别和联系也易混淆，因此学生出现的错误机会多。学生学习随时可能分化，导致学习化学的兴趣减少。

五、教学目标

1. 知识与技能

（1）温习物质的元素观和微粒观，从物质组成的角度认识化学式的含义。

（2）理解化学式和化学符号的含义。

（3）了解化学式书写的一般规律，掌握单质化学式的书写方法。

2. 过程与方法

（1）通过化学式含义的教学，使学生会用化学语言表述物质的组成，建立物质"宏观——微观——符号"的化学思维方式。

（2）通过分子原子微观图示和化学符号之间建立联系，促进直观形象思维向微观抽象思维过渡。

3. 情感、态度和价值观

（1）通过身边物质的引入，激发学生的学习欲望。

（2）结合生活事例，培养学生科学生活的理念，关注社会的责任感。

（3）通过化学式宏观和微观含义的学习，培养学生思维的有序性和完整性。

六、教学重点

化学式含义的学习。

七、教学难点

建立物质"宏观——微观——符号"的化学思维方式。

八、教学方法

1. 微观结构模型法：将微观不可见的粒子直观、形象化。

2. 学案导学法：有步骤地知识建构，配合教师开展课堂活动，并及时反馈教学效果。

九、教学过程

教学流程	教师活动	学生活动	设计意图
环节一：感知生活中物质的化学式。	多媒体展示： 这是一个护肤品的瓶子，请猜想一下护肤品的功效？ 多媒体展示： 让学生说出以前学过的一些物质的符号。这些符号就是化学式。	看图片，思考、回答： 保湿型，因为 H_2O 表示水。 看图片，认识表示物质的符号。 说出物质对应的符号，如 P、Fe、O_2、P_2O_5 等。	联系生活实际，激发学生的学习欲望。

教学流程	教师活动	学生活动	设计意图
	这节课我们来学习化学式。 板书： **课题4 化学式与化合价** 1. 定义：用元素符号和数字的组合表示物质组成的式子。 通过定义可以看出化学式是用来干什么的？海水为什么没有化学式？ 化学上从哪些方面描述物质的组成？ 宏观上用什么描述物质的组成？微观上构成物质的微粒有哪几种？ 展示图片：	讨论并归纳： 用来表示物质的组成。 海水是混合物，没有固定的组成，因而没有化学式，只有纯净物才有固定的组成，因而纯净物才有化学式。 宏观和微观两个方面。 宏观上用元素来描述物质的组成。构成物质的微粒有分子、原子和离子。	明确化学式就是以前提到的物质符号的表示式。并且纯净物才有化学式。 重温物质组成考虑的方面。为学习化学式的含义奠定基础。
环节二： 形成概念，归纳化学式的含义。	化学式：NaCl 氯化钠是由什么粒子构成的？ 下图是由原子构成的物质，由原子构成的物质还有哪些？ 金刚石C　　　铁Fe 我们会区分由离子、原子构成的物质，在初中学习阶段，很多物质是由分子构成的。例如： 物质名称：水　　物质名称：氧气 化学式：H_2O　　化学式：O_2	氯化钠由离子构成。 由原子构成的物质： 1. 金属单质：　铜Cu、铁Fe、汞Hg 2. 非金属固态单质：碳C、磷P、硫S 3. 稀有气体单质：氦气He、氖气Ne、氩气Ar 头脑中建构分子模型。	结合微观粒子的模型，体会离子、原子、分子构成的物质。

教学流程	教师活动	学生活动	设计意图
	说说化学式 H_2O 的含义? 提示:先说宏观含义,再辨认构成微观的离子后,说出微观的含义。 展示:水分子的微观图示和实物模型,并对实物模型进行组装。 板书总结: 2. 化学式的含义 以 H_2O 为例: 宏观:①表示水;②表示水由氢、氧元素组成。 微观:①表示一个水分子;②表示一个水分子由两个氢原子和一个氧原子构成。 怎样表示两个水分子? $2H_2O$:表示两个水分子	讨论并回答:H_2O 宏观上表示水,还可以表示水由氢、氧元素组成;微观上表示一个水分子,还可以表示一个水分子由两个氢原子和一个氧原子组成。 看图、体会。 推理回答:$2H_2O$。	培养学生思维的有序性、条理性。使学生体会分子是由原子构成的。
环节三:巩固练习。	以 CO_2、O_2 为例,练习说出化学式的含义。 以 O 为例,复习元素符号的意义。	从宏观和微观两方面有序回答。	通过练习,巩固化学式的含义。
	3. 化学符号周围数字的意义 投影展示:让学生辨认符号 H、$2H$、H_2、$2H_2$ 中谁是元素符号、谁是化学式、谁是化学符号。辨认后写出它们都有什么意义。 展示:学生练习一。	辨认出元素符号、化学式后,做学案上练习一。	辨析化学符号周围数字的意义。
	投影展示:分子、原子的微观图示。	学生完成学案上练习二。	学会用符号表示微观图示。

新课程化学怎么教

教学流程	教师活动	学生活动	设计意图
环节三：巩固练习。	重温第三单元课题2分子原子的内容。对微观图示与化学符号进行巩固练习。 展示学生练习三：把电解水的微观示意图补充完整，并写相应图示的化学符号。	把电解水的微观图示补充完整，并写出相应图示的化学符号。	
	总结：化学式以及化学符号的含义。建立宏观——微观——符号三重表征的思维方式。	思考并体会。	总结归纳，方法提升。
环节四：化学式的书写方法。	化学式的书写 [展示一组图片] 干冰CO₂ 液氧O₂ 钻石C 铜Cu 氯化镁 氩气 氯化钠 MgCl₂ Ar NaCl 讨论1：请你对这七种物质分类，并指出分类依据。 讨论2：由上图可得出化学式写法的哪些信息？ 1. 单质化学式的写法 展示：单质化学式书写口诀 单质书写多为单，只有四种不简单；氢氧氮氯四种气，右下角把小2添。 2. 化合物的书写 读写顺序相反 讲解：化合物都有固定的组成，即形成化合物的元素有固定的原子个数比，原子个数是怎样确定的？就是下节课我们要学习的化合价。	学生观察图片。 分析讨论： 按元素组成不同分为：单质和化合物。 按构成物质粒子不同分为：分子、原子、离子。 讨论并归纳单质化学式的写法规律： 一般用元素符号表示，如：金属、非金属、稀有气体； 也有用元素符号右下角加角标表示，如：O₂。 化合物化学式的写法规律：读写顺序相反。	培养学生获得和处理信息能力。 明确化学式的写法。 为下节课学习化合价做好铺垫。

教学流程	教师活动	学生活动	设计意图
环节五：巩固练习。	展示学生练习四。 展示：生活中的化学 食物在煎炸的过程中会产生一种强致癌物质——丙烯醛，化学式为 C_2H_3CHO，所以油炸食品不宜多吃。请回答：（1）丙烯醛是由_____种元素组成的。（2）一个丙烯醛分子中含有_____个氢原子。（3）一个丙烯醛分子中共含有_____个原子。 展示资料： 毒奶粉事件震撼全国——22 家企业遭到质疑。三聚氰胺化学式：$C_3N_6H_6$，相对分子质量为 126，含氮量达 66%，加入奶粉后，会使奶粉总体含氮量升高，达到国家标准。但是这样的奶粉孩子食用后会危害孩子的健康。 读了这段文字，你能获得哪些信息？	化学式书写练习； 一学生到黑板做题； 学生领会题目内容，要科学生活。 结合化学知识回答。 知道假奶粉加了化学物质三聚氰胺，危害孩子的健康，企业那样做很不道德。 找出三聚氰胺的化学式 $C_3N_6H_6$ 以及化学式的含义。	巩固化学式的写法。 学以致用，激发学生的学习兴趣。 培养学生科学生活的理念，关注社会的责任感。
	教师引导小结。	学生归纳。 独立完成检测题。	总结归纳及时反馈。

十、反思

本节课采用微观结构模型法，通过水的化学式、水的宏观组成和微观构成，帮助学生进一步体会了宏观——微观——符号三重表征思维方式。运用学案导学法，对学生有步骤地进行知识建构，并且配合教师开展课堂活动，及时反馈教学收到了良好的效果。不足之处，感到课堂气氛有些沉闷，如果水的微观模型图让学生课前自己做，课上来交流、展示，气氛会活跃得多。

中篇　经典教学课例

十一、点评

有关化学式的学习向来有些枯燥、抽象，尤其是数字和符号的意义，又抽象又机械，是学习和思维的难点。本课教学从学生最熟悉的水出发，运用微观模型辅助法使本节课的学习形象化、具体化。教学的引入贴近生活，从生活中来，吸引学生的注意力，最后又回到生活，体现化学来源于生活，又服务生活的理念，使学生感到学习化学是必不可少的。

附件

[导学案]

一、学习目标

1. 温习物质的元素观和微粒观，从物质组成的角度认识化学式的含义。

2. 理解化学式和化学符号的含义。

3. 了解化学式书写的一般规律，掌握单质化学式的书写方法。

二、教学重点

化学式含义的学习。

三、教学难点

建立物质"宏观——微观——符号"的化学思维方式。

四、学习过程

学生练习一：写出下列符号的含义，并辨认元素符号和化学式。

H _____；_____。 2H _____。

H_2 _____；_____；_____；_____。

$2H_2$ _____。

学生练习二：用符号表示方框中的微观图示。（友情提示：○表示氮原子）

学生练习三：请把下面电解水的微观示意图补充完整，并写出它们的化学符号。

（友情提示：⬤表示氧原子，○表示氢原子。）

反应前的微粒　　　反应物中的微粒　　　反应物后的微粒

　　　　分解　　　　　　结合

化学符号：_____　_____

学生练习四：写出下列物质的化学式。

铜_____　　　汞_____　　　氢气_____　　　氖气_____

硫磺_____　　　红磷_____　　　金_____

氯化钠_____　　　氯气_____　　　二氧化硫_____

氯化钾_____　　　氧化镁_____　　　氮气_____

反馈练习：

1. 用符号表示：

两个氢原子_____两个氢分子_____氢气_____三个铁原子_____铁_____两个氮原子_____两个氮分子_____氮气_____氮元素_____两个水分子_____水_____

2. 若用"○"表示氮原子，下列方框中符合 2N 意义的示意图是

（　　）

A　　　　　B　　　　　C　　　　　D

3. 保持氧气化学性质的最小粒子是 （　　）

   A. O　　　B. 2O　　　C. O_2　　　D. $2O_2$

4. 隐形眼镜洗液有一种叫过氧化氢，其化学式为 H_2O_2，关于过氧化氢，下列说法正确的是 （　　）

   A. 它由氢气和氧气组成

B. 它由氢元素和氧元素组成

C. 它由一个氢分子和一个氧分子构成

D. 它由两个氢元素和两个氧元素构成

5. 右图表示物质间发生化学变化的微观图示，"●表示碳原子、○表示氧原子"。下列说法正确的是 ( )

A. 此反应有单质生成

B. 该反应属于分解反应

C. 可表示为 $CO_2 + C \xrightarrow{\text{高温}} 2CO$

D. 该反应的生成物不一定是氧化物

学生练习答案

练习一：H 氢元素；一个氢原子。

2H 两个氢原子。

H_2 氢气；氢气由氢元素组成；一个氢分子；一个氢分子由两个氢原子构成。

$2H_2$ 两个氢分子。

练习二：N   2N N_2 $2N_2$

练习三：

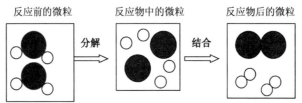

化学符号：___$2H_2O$___   ___$2O$、$4H$___   ___$2H_2$、O_2___

练习四：

Cu Hg H_2 Ne S P Au NaCl Cl_2 SO_2 KCl $MgCl_2$ N_2

反馈练习答案

1. 2H $2H_2$ H_2 3Fe Fe 2N $2N_2$ N_2 N $2H_2O$ H_2O

2. A 3. C 4. B 5. C

一、课题

人教版　九年级上　第四单元　课题 3　化学式计算的应用

二、内容标准

1. 利用相对原子质量、相对分子质量进行物质组成的简单计算。
2. 能看懂某些商品标签上标示的物质成分及其含量。

三、教材分析

本课时是化学式的计算的第 2 课时，是学生初次从"定量"的角度认识化学。本节课的教学尝试从生活出发，以一个学生生活中熟悉又陌生的物质——葡萄糖为研究的对象，引导学生通过从化学式这一重要化学语言中获得信息，结合相关资料来认识该物质，并通过创设情境，让学生对数据进行分析、整理、计算，最终使实际问题得到解释，同时也为后面第十二单元第一课题《人类重要的营养物质》做铺垫。

本课题的学习最终应让学生体会到化学式计算有着重要的应用价值，它是解决很多实际问题的依据，同时也为下一单元学习化学方程式的计算打下基础。

四、学情分析

学生已经学过：化学式能表示的意义有物质的元素组成、每个分子的构成、物质的分类等；化学式的基础计算。但分析化学式所能提供的信息时，容易忽略通过计算才能获得的信息，如相对分子质量、元素质量分数

中篇　经典教学课例

等，意识不到这些信息是可用于解决实际问题的已知条件；对物质质量、元素质量、元素质量分数三者之间的关系还缺乏清晰的认识，在对题目数据进行分析以及题型归纳时会有一定困难；多数学生平时生活中并没有阅读商品标签或说明书的习惯，因此对相应情境的分析更易出错。

五、教学目标

1. 知识与技能

（1）进一步认识化学式所表示的意义和丰富内涵，使学生学会化学式所表示的意义，挖掘相关信息，解决相关问题。

（2）初步掌握物质质量、元素质量与元素质量分数之间的关系，初步学会分析问题，初步掌握元素质量分数的有关计算。

（3）学会对常见商品标签或说明书上标示的物质成分和含量进行相关分析。

2. 过程与方法

（1）通过阅读资料、数据分析、对任务的解读和探究等活动，培养学生的探究精神，结合实际学会应用化学式计算的方法。

（2）利用任务驱动式解题的过程，训练学生如何对数据进行分析，挖掘其中的隐含条件，最终归纳出物质质量、元素质量与元素质量分数之间的联系。

3. 情感、态度和价值观

体会化学与生活的紧密联系，增强学生主动运用所学知识分析、解决实际问题的意识。

六、教学重点

元素质量分数的有关计算应用。

七、教学难点

物质质量、元素质量与元素质量分数的相互关系，以及题目数据分析。

八、教学方法

创设情境启发式教学、多媒体辅助教学。

九、教学过程

教学流程	教师活动	学生活动	设计意图
环节一：创设情境，引入新课	创设情境，多媒体展示：银鹭葡萄糖饮料	看录像。	体现化学从生活中来，激发学生的学习兴趣。
	问题1：你生活中有没有吃早饭的经历么？说明葡萄糖对人类生命活动的重要性。	交流讨论。 回答：没吃早饭会感到没劲，有时头晕……	
环节二：阅读分析，归纳总结	给出葡萄糖的结构图。 问题2：通过分析化学式的意义，归纳对葡萄糖有了哪些进一步的认识。	根据图示写出化学式 $C_6H_{12}O_6$。 思考、填写学案、交流汇报回答： 1. 葡萄糖由碳、氢、氧元素组成； 2. 一个葡萄糖分子由6个碳原子、12个氢原子、6个氧原子构成； 3. 葡萄糖的相对分子质量是180； 4. 葡萄糖中 C：H：O 的原子个数比为6：12：6； 5. 葡萄糖中 C：H：O 元素的质量比为6：1：8……	培养分析图示、归纳总结的能力。

教学流程	教师活动	学生活动	设计意图
环节三：任务驱动，交流讨论	提供资料1：葡萄糖的主要来源，创设情境，布置任务1、2。	阅读，思考讨论、交流、计算、解答，并进行汇报。回答：(1) 96g (2) 352g。	初步体会化学式计算的应用。
	解读任务1、2的题目特征，总结归纳物质质量、元素质量与元素质量分数三者之间的计算关系。	思考讨论、交流、汇报：任务1特征：已知物质质量，求元素质量。任务2特征：已知元素质量，求物质质量。	
	提供资料2：葡萄糖的应用，通过应用之一引出新特征题型，布置新任务。	阅读资料2，对任务3进行讨论、交流、计算、解答。回答：50g。	继续强化化学式计算的应用，并通过资料，体会绿色化学。
	解读任务3的题目特征，并进行归纳。	思考讨论、交流、汇报：任务3特征：两种不同物质含同一元素质量相同。	
	小结元素质量分数计算应用的三种常见情况。	倾听、反思、参与小结。	
环节四：拓展应用，完善认知	创设生活情境，指导学生阅读商品标签。情境1：阅读商品广告，利用质量分数的计算，分析广告的真实性。情境2：通过阅读标签和表格，对氮元素和尿素质量进行计算。	阅读、计算、解答、汇报。回答：虚假广告。因为NH_4HCO_3中含氮量为17.7%，不可能是19%。阅读、计算、解答、汇报。回答：(1) 4.7g (2) 10.7g	巩固知识，运用化学式计算解决生活中实际问题，体会生活中的化学及化学的重要性。
环节五：练习反馈，提升认识	1. 学案上的课后练习；2. 请你查看1种药品（或饮料、食品）的标签或说明书，记下它们的主要成分和含量，提出你想探究的问题（参考以上情境），并通过计算做出解答。	记录。	让化学回到同学们的生活中，巩固知识，激发学习积极性。

十、反思

在过去本课的教学中,教师的通常做法是带着学生一起做一些例题、练习,来让学生熟悉化学式计算的几种常见题型。从以往的教学效果来看,学生也能够较好地掌握元素质量分数的相关计算。但每当遇到某个结合生产或生活实际的计算题时,不少学生的反应便会变得较迟钝,不太会分析和挖掘其中的已知、未知数据之间的关系。因此,本节课把探索和研究如何结合学生的生活实际创设问题情境,以激发学生的化学学习兴趣和探究欲望,从而使学生更好掌握有关元素质量分数计算的知识和技能,使学生的分析能力和解决实际问题的能力得到提高,并认识化学学习的重要性做为本节课设计的重点。以学生既熟悉又陌生的葡萄糖为主线,让学生在学习元素质量分数相关计算的同时,充分体会化学式计算的应用价值,增强学生主动运用所学知识分析、解决实际问题的意识。

不足之处是在教学实施过程中,时间控制还需加强,讨论不是很充分。

十一、点评

本课教学选择"葡萄糖"为主线来学习化学式计算,贴近学生生活,激发学生的学习兴趣,给学生创设与生活实际有关的新的问题情境,一方面加强知识的落实,另一方面让学生体会化学式计算的更多应用,并从中获得成就感。教学效果良好。

附件

[导学案]
化学式计算的应用

一、学习目标

(1) 明确化学式能向我们提供很多信息,且我们可运用化学式的计算,分析、解决实际问题。

(2) 明确物质质量、元素质量与元素质量分数三者之间的关系，初步学会分析题目以及实际问题中的已知未知数据。

二、学习内容

1. 让我们一起来认识葡萄糖

碳原子
氧原子
氢原子

葡萄糖是生物体内新陈代谢不可缺少的营养物质。葡萄糖在人体内能被氧化为二氧化碳和水，这一反应放出一定的热量，人和动物所需要能量的 50% 来自葡萄糖。

(1) 请根据图示写出葡萄糖的化学式_____。（友情提示：元素种类按 C、H、N 排序）

(2) 通过化学式表示的意义，你对葡萄糖已经有了哪些进一步的认识呢？

_____、_____

_____、_____

_____、_____

2. 让我们用化学式所提供的信息来分析、解决问题吧！

(1) 我们能用化学式做进一步探究

[资料1] 葡萄糖的主要来源

在自然界中，它是通过光合作用由水和二氧化碳合成的。

人体葡萄糖的主要来源是食物中的淀粉等物质，而这些物质主要含于主食中，如米饭、白面制品等，咀嚼米饭、馒头等时感到有些甜味，这是因为唾液中的淀粉酶将淀粉水解成了葡萄糖。

某同学早餐时食用了青菜火腿蛋饼和牛奶，其中摄入的淀粉可转化为 240g 葡萄糖。

[任务1] 计算：这 240g 葡萄糖中含碳元素_____g。

[任务2] 计算：如果通过光合作用合成这 240g 葡萄糖，需_____g 二氧化碳（假设二氧化碳全部转化为葡萄糖）

计算过程：

解读［任务1］题目特征：已知＿＿＿＿＿＿＿，求＿＿＿＿＿＿＿

归纳计算关系：＿＿＿＿＿＿＿＿＿＿＿＿＿＿＿＿＿＿＿＿＿

解读［任务2］题目特征：已知＿＿＿＿＿＿＿，求＿＿＿＿＿＿＿

归纳计算关系：＿＿＿＿＿＿＿＿＿＿＿＿＿＿＿＿＿＿＿＿＿

［资料2］葡萄糖的应用

葡萄糖除了是生物体内新陈代谢不可缺少的营养物质，在其他领域也广泛应用。如：制镜工业和热水瓶胆镀银工艺中常用到葡萄糖；医疗上，葡萄糖被大量用于病人输液；医药上，其也可用于制备葡萄糖酸钙、葡萄糖酸锌等药剂。

［任务3］某实验室利用蛋壳中所含高达93％的$CaCO_3$进行反应制备葡萄糖酸钙，探索了一条变废为宝，工艺简单，成本低，污染小的葡萄糖酸钙生产路线。

计算215g葡萄糖酸钙［$(C_6H_{11}O_7)_2Ca$］与质量多少的碳酸钙［$CaCO_3$］含钙元素质量相等。

计算过程：

解读［任务3］题目特征：在＿＿＿＿＿＿＿的物质中，含＿＿＿＿＿＿＿元素质量＿＿＿＿＿＿＿

已知＿＿＿＿＿＿＿，求＿＿＿＿＿＿＿＿＿＿＿＿＿＿＿＿＿＿

归纳计算关系：＿＿＿＿＿＿＿＿＿＿＿＿＿＿＿＿＿＿＿＿＿

（2）我们能用化学式解决现实生活中的问题

［情境1］在某公共场所张贴有一则广告（如图所示）。请你经过分析判断这是一则＿＿＿＿＿＿＿（填"虚假"或"真实"）广告。你的理由是＿＿＿＿＿＿＿。

［情境2］

> **化学肥料**
> **国际首创优质化肥**
> **碳酸氢铵**
> （NH_4HCO_3）
> **最高含氮量：19％**

青少年每天需摄取足量的蛋白质以保证正常生长发育。

已知蛋白质中氮元素的平均质量分数约为 16%，下表是几种常见食物中的蛋白质含量：

食物	面粉	鸡蛋	瘦肉	牛奶
蛋白质含量	10%	14%	20%	3%

下图是某学生早餐摄入的食物，请计算早餐所摄入的蛋白质中氮元素的质量（写出计算过程）。

早餐食谱

• 面包（含面粉 50 g）
• 瘦肉　50 g
• 鸡蛋　50 g
• 牛奶　250 g

解：早餐摄入的蛋白质中氮元素的质量＝

蛋白质经体内进行新陈代谢后的主要产物是尿素［化学式为 $CO(NH_2)_2$］（假设其他代谢产物不含氮元素），当人体代谢含 5g 氮元素的蛋白质时，请计算生成尿素的质量（写出计算过程）。

解：代谢含 5g 氮元素的蛋白质生成尿素的质量＝

课后巩固练习

[作业 1] 下图是市售某品牌牙膏包装盒上的部分说明。其主要活性成分单氟磷酸钠（Na_2PO_3F）是牙膏的常用添加剂之一。

实验表明牙膏中单氟磷酸钠的质量分数达到 0.75%～0.80% 时，防龋齿的效果较好。（计算结果保留小数点后二位）

(1) 根据单氟磷酸钠的化学式，计算单氟磷酸钠中氟元素的质量分数为＿＿＿＿＿＿＿；

（2）该牙膏中单氟磷酸钠的质量分数为＿＿＿＿＿＿；该牙膏＿＿＿＿＿＿＿＿＿＿（填"具有"或"没有"）较好的防龋齿效果。写出计算过程：

问题思考

[作业2] 由你自己来创设吧！

请你查看1种药品（或饮料、食品）的标签或说明书，在右框中记下它们的主要成分和含量，提出你想探究的问题（可参考以上情境），并通过计算做出解答。

我想探究的问题是：

解：

[学案答案]

葡萄糖的化学式 $C_6H_{12}O_6$

化学式的意义：1. 葡萄糖由碳、氢、氧元素组成

2. 一个葡萄糖分子由6个碳原子、12个氢原子、6个氧原子构成。

3. 葡萄糖的相对分子质量是180。

4. 葡萄糖中 C：H：O 的原子个数比为 6：12：6。

5. 葡萄糖中 C：H：O 元素的质量比为 6：1：8。

6. 葡萄糖中 C 元素质量分数为40％，H 元素质量分数为6.6％，O 元素质量分数为53.3％。

任务1：96g   任务2：352g

任务1特征：已知物质质量，求元素质量。计算关系：m（a）元素＝m（化合物）×a％

任务 2 特征：已知元素质量，求物质质量。计算关系：m（化合物）＝m（a 元素）×a％

任务 3：50g

任务 3 特征：两种不同物质含同一元素质量相同。已知甲物质质量，求乙物质质量。

计算关系：m（甲物质）×甲中 a％＝m（乙物质）×乙中 a％

情境 1：虚假广告。因为 NH_4HCO_3 中 N％为 17.7％，不可能是 19％

情境 2：（1）4.7g　　　（2）10.7g

作业 1：（1）13.19％　（2）0.76％具有

作业 2：略

4．物质的化学变化

一、课题

人教版 九年级上 第五单元 课题1 质量守恒定律

二、内容标准

1. 认识质量守恒定律，能说明常见化学反应中的质量关系。
2. 能正确书写简单的化学反应方程式，并进行简单地计算。
3. 认识定量研究对于化学科学发展的重大作用。

三、教材分析

　　质量守恒定律是初中化学的一个重要化学规律，是分析物质在化学反应中的质量关系的理论依据，它的应用贯穿于整个中学化学。本节教材在初中化学里有着承上启下的作用。在此之前，学生学习了元素符号、化学式、分子和原子的初步知识，对化学反应中物质发生了质的变化已经有了一定的认识。本节课的教学将引领学生对化学反应的认识开始从"质"到"量"的过渡，也为之后化学方程式的书写和计算的教学构建了理论铺垫，所以本课内容不仅是本单元的一个重点，也是整个中学化学的教学重点之一。

中 篇 经典教学课例

四、学情分析

（1）学生的知识状况：已了解了元素符号、化学式、化学反应的实质，初步掌握了一些简单的化学反应。

（2）学生的能力状况：初步掌握了简单的化学实验基本操作技能，而对化学探究学习方法的了解尚处于启蒙阶段。

（3）学生的心理状况：学生刚开始化学学习，处于比较兴奋、好奇的状态。

五、教学目标

1. 知识与技能

（1）认识质量守恒定律，了解常见化学反应中反应物与生成物的质量关系。

（2）从微观角度认识，在一切化学反应中，反应前后原子的种类和原子的数目没有变化。

2. 过程与方法

（1）通过实验及分析，培养学生利用实验发现问题、探究问题的能力。

（2）通过对化学反应实质与质量守恒原因的分析，培养学生的逻辑推理能力，使学生了解研究化学问题的基本思路。

3. 情感、态度和价值观。

（1）通过对质量守恒定律的探究，让学生体会成功的乐趣，培养学生团结协作的团队精神。

（2）对学生进行透过现象认识事物本质的辩证唯物主义教育。

六、教学重点

理解质量守恒定律的涵义。

七、教学难点

理解质量守恒的原因，从定量角度理解化学反应

八、教学方法

1. 联系生活，创设情境、引发问题。
2. 充分利用实验探究、引导发现，探求问题的实质
3. 恰当运用多媒体教学，实现难点突破

九、教学过程

教学流程	教师活动	学生活动	设计意图
引入	我们知道铁生锈后它的质量增加了，这是为什么呢？难道在化学变化中隐藏着什么秘密吗？	积极思考。	联系生活，激发学习兴趣和探索知识的欲望。
提出问题	化学反应的特征是生成了其他物质，例如：碳在氧气中燃烧生成了二氧化碳，那么生成的二氧化碳的质量与反应物碳和氧气的质量之和有什么关系呢？	产生猜想，出现不同的想法分组讨论，交流得出有如下三种情况：①参加反应的各物质的质量之和＝生成的各物质的质量之和。②参加反应的各物质的质量之和＞生成的各物质的质量之和。③参加反应的各物质的质量之和＜生成的各物质的质量之和。	引导学生从量的方面来进行研究。

教学流程	教师活动	学生活动	设计意图
实验探究（一）	指导学生完成实验 方案一（第一组） 白磷燃烧前后质量的测定 （九年级化学上教材 P90） 指导学生完成实验 方案二（第二组） 铁钉与硫酸铜溶液反应前后质量的测定 （九年级化学上教材 P90）	阅读课本，分工、合作。 设计实验方案、动手实验。 观察实验现象进行讨论、归纳、完成表格。 分析实验现象和实验数据，试着总结化学反应前后物质的质量的变化规律：两个反应中，化学反应前后总质量没有改变。	1. 了解科学探究的方法 2. 培养学生团队精神 3. 培养学生研究问题的科学方法和严谨求实的科学品质。
归纳小结	质量守恒定律 质量守恒定律：参加化学反应的各物质的质量总和，等于反应后生成的各物质的质量总和	记录。	知识归纳。
问题探究（一）	我们能不能通过做两个实验就可以得出这样的结论？ 对于验证工作前人已经给我们做过了，给学生讲解科学史： 1. 拉瓦锡发现氧化汞受热分解后质量守恒的例子。 2. 波义耳错过质量守恒定律的简要过程。 3. 罗蒙诺索夫发现质量守恒定律的简要过程。	讨论并回答： 不可以，理论来源于实践但是不能片面，需要做大量的验证工作。 观看。	培养学生科学思维方式。 对学生进行化学史教育，培养科学素养。

教学流程	教师活动	学生活动	设计意图
实验探究（二）	1. 对白磷燃烧前后质量的测定 （九年级化学上教材 P90） 刺破气球测质量。 2. 盐酸与碳酸钠粉末反应前后测质量（九年级化学上教材 P92）	学生分组实验 总结实验结果发现： 1. 反应后总质量小于反应前总质量。 2. 参加化学反应的各物质的质量总和，大于反应后生成的各物质的质量总和	锻炼动手能力。
问题探究（二）	上面的实验是不符合质量守恒定律么？为什么会这样？	分组讨论，学生代表发言：产物没有称量。	锻炼学生分析问题解决问题的能力，培养思维的严密性。
归纳总结	注意：由于产物是气体，会逸散到空气中，在实验时要用气球收集。	记录。	知识归纳
问题探究（三）	为什么参加化学反应前各物质的质量总和等于化学反应后生成各物质的质量总和呢？	猜想、讨论。	出现思维困惑，产生新的学习期待。
多媒体演示	播放有关"化学变化中分子被破坏，原子重新组合成其他物质的分子"的动画课件。	观看动画演示，思考化学反应的微观实质。	通过形象的分析，使学生的思维由宏观到微观，从现象对本质深入思考，学会研究问题的科学方法。
归纳总结	化学反应的微观解释： 在化学反应中，反应前后原子的种类没有改变，数目没有增减，原子的质量也没有改变。	记录。	

中篇 经典教学课例

教学流程	教师活动	学生活动	设计意图
巩固练习	多媒体展示（略）	独立完成，自查知识掌握情况，并分小组互相检查。	及时反馈，使学生掌握质量守恒定律及运用。
课堂小结	多媒体展示（略）		
课后作业	多媒体展示（略）		

十、反思

1. 引导学生认真完成实验并对实验现象进行思索归纳

该课在活动与探究中，引导学生认真完成实验和做好结果记录，对实验现象进行思索归纳，并与同学、教师进行交流和讨论，得出结论。这些实践活动不但有利于学生获得知识技能，也培养了学生认真扎实的科学态度和科学探索的学习方法。

2. 演示实验的改进，增加理论的直观性

本节课对演示实验的改进，使学生对封闭体系和开放体系中的化学反应都能遵守质量守恒定律有了更直观的理解，使认识更加深刻，效果较好。

十一、点评

本节课采用自主、合作、探究性学习和问题教学的方式。

1. 以实验为基础，引导科学发现，并以小组为单位，构建实验探究的氛围。

2. 以问题教学为中心，培养学生提出问题、分析问题、解决问题的能力。

3. 采用现代化教学方法与手段，力求做到重点突出，难点突破。

4. 以学生为主体，促进知识内化，有系统地对学生进行指导，既关注学生学习的过程，更关注学生的兴趣激发，良好的学习习惯的养成，正确的学习态度以及学习过程中情感体验和价值观的形成。

一、课题

人教版　九年级下　表格数据的应用及分析

二、内容标准

1. 能正确书写简单的化学方程式，并进行简单的计算。
2. 能进行溶质质量分数的简单计算。
3. 认识定量研究对化学科学发展的重大作用。

三、教材分析

本课时是学生在学习了第 8 单元不纯物的计算和第 9 单元溶液的相关计算后针对学生对表格数据选择应用的问题进行的专项练习。本节课的教学从生活出发，通过简单的汉堡、可乐套餐的引入使学生能分析表格中的过量数据与使用完全反应后的数据，并在解决典型题目的同时，使学生会提取些有用的信息、数据，转化为基础的化学方程式的计算。

四、学情分析

1. 在前面的复习环节中，经常穿插化学计算的练习，学生已经掌握了一般的解题思路，对所见题型也不陌生。
2. 但对于表格题中出现的数据分析能力仍然很差，尤其是数据选择和数据的应用求解。

中篇　经典教学课例

五、教学目标

1. 知识与技能

（1）通过简单的汉堡、可乐套餐的引入使学生能分析表格中的过量数据与使用完全反应后的数据，并在二者间建立一定的对应关系。

（2）在解决典型题目的同时，使学生会提取有用的信息、数据，转化为基础的化学方程式的计算。

2. 过程与方法

通过引入——类比——应用——归纳，使学生在掌握套餐中简单的对应比例关系的同时掌握表格中化学试剂量的关系，提高学生运用类比、比较、归纳、概括的方法对数据信息进行加工处的能力。

3. 情感、态度和价值观

通过简单的汉堡、可乐套餐的引入激发学生兴趣并通过对表格数据的完全反应数据的具体计算应用，培养学生严谨的科学态度。

六、教学重点

表格中的数据选择、使用，以及求解过程。

七、教学难点

表格中的数据选择、使用。

八、教学方法

创设情境启发式教学、多媒体辅助教学

九、教学过程

教学流程	教师活动	学生活动	设计意图
环节一: 创设情境, 引入新课	一定量的汉堡与逐渐递增的可乐,能组合出多少套餐?	完成表格并展示 表格: 汉堡 / 可乐 / 套餐 5 / 2 / 5 / 4 / 5 / 6 / 5 / 8 /	由生活中的简单实例引出,使所有学生体会成功快乐,激发学生兴趣。
环节二: 了解表格数据类型,分析总结并应用	问题1:套餐量是否随可乐的成倍增加而成倍增加? 问题2:每组套餐的量决定于该组中谁的量?	交流讨论: 1. 当套餐的量随可乐成倍增加,一定量的汉堡过量,可乐用完; 2. 当套餐的量随可乐不再成倍增加,一定量的汉堡用完,可乐过量; 3. 套餐的量决定于用完的量	培养分析、归纳总结表格数据的能力。
	提供数据资料1:某同学进行镁跟稀硫酸反应的实验,其五次实验结果如下表。 表格见下	交流讨论,解答,并汇报。	学生体会化学反应中各反应物的消耗及生成物之间也存在对应比例关系,并会利用该比例关系,培养学生的类比能力。

表格(环节二实验数据):

次数	镁重(g)	硫酸(ml)	硫酸镁重(g)
一	2	70	10
二	4	70	?
三	6	70	30
四	8	70	31.2
五	10	70	?

问题1:表第二次实验产生硫酸镁的质量,第五次实验产生硫酸镁的质量。

问题2:根据上表判断哪几次实验中有过剩的镁,哪几次实验中硫酸过剩。

中 篇 经典教学课例

教学流程	教师活动	学生活动	设计意图
	数据应用练习：某同学为了测定黄铜屑（由锌和铜形成的合金）样品组成。分四次取样品与稀硫酸反应，其实验数据记录如下表。 表格 分析表格任务1： 1. 明确测量数据中质量递增的和一定量的物质。 2. 明确每组中的过量物质及反应完的物质的量。 分析表格任务2： 1. 若用0.4g对应50g计算样品中锌。 2. 若用1.0g对应120g计算盐酸，结果如何？ 分析表格任务3： 1. 计算黄铜中锌的质量分数。 2. 所用稀硫酸中溶质的质量分数。	交流讨论并汇报，明确思路，对应求解！	提高学生对数据的分析能力，使学生进一步体会使用完全反应的数据进行计算，且在计算过程中可以利用不同的对应量分别求解，使学生会提取解决问题的有用信息数据，转化为基础的化学方程式的计算。
环节三：拓展表格数据类型并分析应用	再请学生利用比例关系分析可乐哪几次用完；哪几次过量。	思考并解答	初步体会剩余量在分析数据中的作用。

表格任务1中数据表：

	1	2	3	4
取样品质量	50	50	50	50
取稀硫酸质量	40	80	120	160
产生气体质量	0.4	0.8	1.0	1.0

环节三数据表：

汉堡	可乐	剩余汉堡
5	2	3
5	4	1
5	6	0
5	8	0

教学流程	教师活动	学生活动	设计意图
	数据应用练习2：某化学兴趣小组从白石山采集来一些样品，进行下列实验：取4份质量不同的石灰石样品，分别与27.0g相同溶质质量分数的稀盐酸充分反应，经过滤、干燥，称量剩余固体的质量，剩余固体的质量与所取样品质量的关系如下表所示： 表格见下 分析表格任务1： 分析哪几次实验中碳酸钙有剩余，哪几次实验中盐酸有剩余。 分析表格任务2： 1. 计算该石灰石样品中碳酸钙的质量分数。 2. 计算所用稀盐酸中溶质质量分数。 分析表格任务3： 思考若用2.7g对应4.0g计算，用0.9g对应27.0g计算，结果如何？	阅读审题，交流讨论并分析数据！	指导学生实际计算，使学生进一步体会使用完全反应的数据对应求解，提高学生对数据的实际应用能力。
环节四： 归纳小结	归纳： A＋B＝C＋…… 归纳表格见下	思考并完成表格 学生表格见下	学生简单归纳思路，提高学生的对一类问题的归纳，概括能力，培养学生反思归纳的习惯。

数据应用练习2 表格：

序号	石灰石样品量	稀盐酸量	剩余固体量
1	1.0	27.0	0.1
2	2.0	27.0	0.2
3	3.0	27.0	0.3
4	4.0	27.0	1.3

归纳小结 教师归纳表格：

A 一定量	B 成比例增加	C 或用去A的量
		成比例增加
		不增

归纳小结 学生表格：

A 一定量	B 成比例增加
	用完
用完	

中篇 经典教学课例

143

教学流程	教师活动	学生活动	设计意图
环节五：练习反馈，提升认识	1. 学案上的课后练习； 2. 列举2种生活中存在的比例关系。	记录	让化学回到同学们的生活中，巩固知识，激发学习积极性。

十、反思

表格数据的分析及应用与图像是相辅相成的，但对于数据的分析适合于在平时渗透，然后联系图像作进一步提升，此课由于是在普通校借用平行班进行授课，根据学生情况，利用简单套餐的事例，使学生都能入手，逐步引导。由于希望所有学生都能入门，步调较慢，适合分层讲解。

十一、点评

本节课通过激发兴趣、问题引入"合作探究、巩固知识"例题学习、小试身手——课堂小结、提升认识的模式展开，从学生已有的生活经验和知识出发，提出问题并与学生共同探索、讨论，让学生经历知识的形成与应用的过程，从而更好地理解反应过程物质质量的变化。

附件

[学案]

表格数据分析及应用

已知：   动一动脑筋……

试一试：

汉堡	可乐	套餐
5	2	
5	4	
5	6	
5	8	

数据资料：某同学进行镁跟稀硫酸反应的实验，其五次实验结果如下表。

反应方程式：_____

次数	镁重（g）	硫酸（ml）	硫酸镁重（g）
第一次	2	70	10
第二次	4	70	?
第三次	6	70	30
第四次	8	70	31.2
第五次	10	70	?

（1）上表第二次实验产生_____g 硫酸镁，第五次实验产生_____g 硫酸镁。

（2）根据上表判断_____次实验中有过剩的镁，_____次实验中硫酸过剩。

应用练习1：某同学为了测定黄铜屑（由锌和铜形成的合金）样品组成，分四次取样品与稀硫酸反应，其实验数据记录如下表。

	1	2	3	4
取样品质量（g）	50.0	50.0	50.0	50.0
取稀硫酸质量（g）	40.0	80.0	120.0	160.0
产生气体质量（g）	0.4	0.8	1.0	1.0

试计算：（1）黄铜中锌的质量分数

（2）所用稀硫酸中溶质的质量分数

应用练习2：某化学兴趣小组从白石山采集来一些样品，进行下列实

145

验：取 4 份质量不同的石灰石样品，分别与 27.0g 相同溶质质量分数的稀盐酸充分反应，经过滤、干燥，称量剩余固体的质量，剩余固体的质量与所取样品质量的关系如下表所示：

反应方程式 _____

实验序号	石灰石样品质量	稀盐酸质量	剩余固体质量
1	1.0	27.0	0.1
2	2.0	27.0	0.2
3	3.0	27.0	0.3
4	4.0	27.0	1.3

根据上表判断_____次实验中碳酸钙有剩余，_____次实验中盐酸有剩余

计算：

该石灰石样品中碳酸钙的质量分数_____。

所用稀盐酸中溶质质量分数_____。

归纳1：

一定量 A	成倍增长 B	生成物的量或用去 A 的量
		成比例增长
		不增长

归纳2：数据应用：_____。

课后练习：为测定某汉白玉中含碳酸钙的质量分数，称取 8g 汉白玉粉末，用一定质量分数的稀盐酸 40g 分四次加入。每次均充分反应，所得剩余固体物质的质量如下表。

稀盐酸用量	剩余固体质量
第一次加入 10g	6.0g
第二次加入 10g	4.0g
第三次加入 10g	2.0g
第四次加入 10g	0.8g

试计算：(1) 汉白玉中碳酸钙的质量分数_____。

（2）所用稀盐酸中溶质的质量分数。

[参考答案]

应用练习1：

解：设 50g 黄铜中 Zn 的质量为 X，稀硫酸中溶质的质量为 Y

$$Zn + H_2SO_4 == ZnSO_4 + H_2 \uparrow$$

65   2

 X   1g

      65 : 2 = X : 1g

         X = 32.5g

      Zn% = 32.5g/50g × 100% = 65%

$$Zn + H_2SO_4 == ZnSO_4 + H_2 \uparrow$$

      98   2

       Y   0.4g

      98 : 2 = Y : 0.4g

         Y = 19.6g

      H_2SO_4% = 19.6g/40g × 100% = 49%

应用练习2：$CaCO_3$% = 90%

解：设盐酸中 HCl 的质量为 X

$$CaCO_3 + 2HCl == CaCl_2 + H_2O + CO_2 \uparrow$$

     100   73

    2.7g   X

     100 : 73 = 2.7g : X

     X = 1.971g

     HCl% = 1.971g/27g × 100% = 7.3%

课后练习：（1）90%

      （2）14.6%

147

5. 化学与社会发展

课例 18   燃烧和灭火

一、课题

人教版九年级上   第七单元   课题 1   燃烧和灭火

二、内容标准

1. 认识燃料完全燃烧的重要性，了解使用氢气、天然气（或沼气）、石油液化气、酒精、汽油和煤等燃料对环境的影响，懂得选择对环境污染较小的燃料。

2. 认识燃烧、缓慢氧化和爆炸的条件及防火灭火、防范爆炸的措施。

三、教材分析

《燃烧和灭火》是初中化学上册教材第七单元课题 1 的内容，上承氧气的性质、用途和碳、磷、一氧化碳等物质燃烧的知识，下接第八单元金属与矿物，在内容编排上更加贴近生活实际，通过学习，使学生再次体会，化学研究的就是我们身边的物质，同时对于增强化学教学的实践性、提高学生的科学素养，都是极其重要的。同时它也是对以前知识的一种补充和完善，对于以后的知识起铺垫的作用，是知识逐步向能力转换的一座桥梁。

四、学情分析

虽然在日常生活中学生已非常熟悉"燃烧"这种变化，也见过不少相关的现象，但没有提升到化学的角度来分析，通过本节课的收集相关信息和实验，给学生机会展现自己的探究，可加深学生对知识的理解和应用。

五、教学目标

1. 知识与技能
（1）认识燃烧的条件和灭火的原理。
（2）了解易燃物、易爆物的安全知识。
（3）会运用知识解释日常生活中的相关问题。

2. 过程与方法
（1）对获得的事实进行分析，得出结论的科学方法。
（2）能主动地与他人进行交流和讨论，形成良好的学习习惯和学习方法。

3. 情感、态度和价值观
（1）培养学生合作交流意识和探索精神。
（2）激发学生热爱生活，关注社会的责任感。
（3）使学生学会用辩证唯物主义的观点去认识事物，用发展的眼光看待事物。

六、教学重点

燃烧条件的探究、灭火的原理

七、教学难点

燃烧条件的探究

中篇　经典教学课例

八、教学方法

1. 实验探究法：通过实验探究燃烧的条件，灭火的原理和方法，从探究中发现问题，分析问题，从而提高学生解决问题的能力。

2. 引导探究法：教师灵活的引导情境，学生灵活的实验探究。

3. 合作学习法：让学生在讨论交流中取长补短，培养学生的合作竞争意识。

九、教学过程

教学流程	教师活动	学生活动	设计意图
（一）创设情境，设疑猜想			
导入	多媒体展示：燃烧的利用（煤气做饭，奥运圣火，火箭发射）、森林火灾，教师引导进入新课——燃烧和灭火	看图片	从生活中发现化学，体会到化学无处不在。
活动与探究一	问题1：在生活中，堆放钢材、棉纱的仓库，哪个贴有"严禁烟火"的标记？	教师可引导学生总结出燃烧需要有可燃物。	燃烧现象探究燃烧需要什么条件，使新知识建立在对生活的直观感受上，激发学生学习兴趣，产生求知欲。
	问题2：有可燃物一定会燃烧吗？	不一定。 学生展开分组讨论，并把点记在本子上，3分钟后，请两组学生代表讲述他们的答案。	
	问题3：还需要哪些条件呢？	燃烧的条件可能是： (1) 燃烧需要可燃物； (2) 可燃物燃烧需要一定的温度； (3) 可燃物燃烧需要氧气(空气)	

教学流程	教师活动	学生活动	设计意图
（二）制定方案，实验探究			
（1）制定方案	根据学生的猜想，引导学生制定控制实验条件的实验方案，结合生活实例及所学知识，分组搜寻证据。		通过实验探究，促进主动思考、锻炼交流讨论、合作能力。
（2）教师演示实验	演示实验： （人教版）九年级上册 图7－4 燃烧的条件 在一只盛有开水的烧杯中放入一小块白磷，白磷未燃烧；两支硬质试管中分别加入少量红磷、白磷，塞紧橡胶塞，利用水浴将其加热，观察并对比实验现象，红磷没有燃烧而白磷剧烈燃烧。 图7－5 白磷在水下燃烧 另取一支收集有氧气和空气的混合气体的试管，罩住开水下的白磷，观察白磷在开水中剧烈燃烧起来。	<table><tr><td>可燃物</td><td>A</td><td>B</td><td>C</td></tr><tr><td>与O₂接触</td><td>√</td><td>×</td><td>√</td></tr><tr><td>温度达着火点</td><td>×</td><td>√</td><td>√</td></tr><tr><td>现象</td><td></td><td></td><td></td></tr></table> 观察实验现象，讨论交流：A、B、C各对应实验中的谁。	使学生形成对猜想做出证实的意识。
（三）归纳总结解释验证	板书：燃烧和燃烧条件 燃烧：可燃物与氧气发生的一种发光、放热的剧烈的氧化反应叫燃烧。 燃烧需要三个条件： 可燃物； 氧气（或空气）； 达到燃烧所需要的最低温度（也叫着火点）。	分组交流，总结归纳出燃烧的条件。	培养学生归纳总结的能力，在对比分析中获得新知识。
（四）交流反思，评价反馈			

中 篇 经典教学课例

教学流程	教师活动	学生活动	设计意图
（1）讨论与反思灭火的原理	提问： 燃烧必须同时具备三个条件，既然这样，当你想把火熄灭时，你会怎样去操作？	撤去可燃物，隔绝氧气或空气，降低温度。	过渡
	情境1：做完饭后，你怎样将液化石油气熄灭？为什么？	关掉开关。可以关闭可燃物。	对提出的问题作出合理的猜想。通过分组讨论培养学生分析解决问题的能力
	情境2：请你熄灭这只燃着的蜡烛。一声吹灭后，问：这是破坏了燃烧的哪个条件？	降低温度至着火点以下	
	情境3：你还能用什么方法熄灭它？这又是破坏了燃烧的哪个条件？	用湿布盖灭。这是隔绝空气。	
（2）分组实验	（人教版）九年级上册 图7-8 蜡烛的燃烧现象为什么不同 实验做法：点燃三支蜡烛，在其中一支蜡烛上扣一只烧杯；将另两支蜡烛放在烧杯中，然后向其中一只烧杯中加适量碳酸钠和盐酸，观察现象并分析原因。	做实验总结实验现象： 倒扣烧杯的蜡烛灭了，原因是隔绝了空气。 加入碳酸钠和盐酸的烧杯蜡烛灭了，因为产生了二氧化碳不支持燃烧。	让学生在实践中探索，在活动中体验，在尝试中感悟，从而激发了对探究的热情。
（3）归纳总结	板书： 灭火的原理： （1）清除可燃物 （2）隔绝氧气（或空气） （3）使温度降到着火点以下 三者任满足其一。	学生思考归纳总结出来	培养学生归纳总结的能力
（五）应用拓展发展探究	（1）多媒体展示：消防队员灭火，常见灭火器的灭火原理和适用范围。 （2）教师利用学生组装的仪器演示"模拟爆炸实验"。 （3）讨论总结：燃烧引发爆炸所需条件。 提问：我市哪些单位易发生火灾或爆炸？你建议应张贴哪些图标？	由趣味小组的同学演示简易灭火器的使用方法 在有限的空间产生大量的热量和气体，引起爆炸。在面粉厂、纱厂和加油站等地设置易燃易爆标志。	让学生体验到化学与生活紧密联系，培养学生的社会责任感；建立防火、防爆的安全意识。

教学流程	教师活动	学生活动	设计意图
（六）总结本课	总结本课的重点 1. 燃烧的条件 2. 灭火的原理和方法	一起回顾两个重点的内容。	根据学生的认知结构，总结本课的重点。由短时记忆过渡到有效的长时记忆。
（七）课堂反馈	情境1：炒菜时油锅中的油不慎着火，如何处理？利用了什么原理？	用锅盖盖灭，隔绝空气	进一步培养学生的自学能力，引导学生更关心生活，关注消防安全。
	情景2：做实验时不慎碰倒酒灯，酒精在桌面上燃烧起来。怎么办？利用了什么原理？	用湿布盖灭或用沙子盖灭，隔绝空气	
	情境3：1987年5月，大兴安岭森林发生火灾。火势迅速蔓延，最有效的灭火方法是什么？利用了什么原理？	修建森林防护隔离带，把可燃物移开。	
	情景4：某居民回家发现室内充满了煤气味，他立即去检查煤气开关，当他旋转灶具上的开关时，自动点火产生火花，引起一场爆炸。 （1）请你分析爆炸的原因。 （2）如果是你，你会首先做什么？ （3）如果天色已晚，能否开灯检查？为什么？	空气中煤气达到一定含量，煤气与空气混合在爆炸极限范围内。 先关闭总闸，再开窗通风。 不可以，有电火花，仍然会爆炸。	
（八）课后调查	1. 调查我校哪些地方应放哪些灭火器？ 2. 调查你的家庭、学校或一些大商场的防火措施。 3. 根据自己住宅及周边环境特点，设计预防火灾的方案（包括万一发生火灾时需采取的灭火和自救措施）。	课下作业	改变传统的作业形式，将课堂延伸到同学们的生活中，进一步拓展所学的内容，激发同学们的学习兴趣。

中篇 经典教学课例

153

十、反思

教师灵活的引导情境，学生灵活的实验探究。在注重学生对科学知识的掌握和理解的同时，更加注重了学生在活动中进行科学探究以及分析推论的体验。学生在活动过程中的参与意识、合作精神、实验操作、探究能力都得到了最大的发挥。对知识理解和认识水平、分析问题和解决问题的能力在探究中得到了提高。教师起着组织者、引导者、合作者的作用。学生是课堂的主体，通过师生互动、生生互动主动构建知识。

但要注意，一是课堂语言还待进一步简练，使问题点拨恰到好处；二是要想方设法地调动学生参与意识，增强自主性。

十一、点评

本课教学贴近学生生活，教学主干思路清晰，教师对学生的活动指导充分、有效，有反馈训练，教学效果较好，还为学生留有拓展思考空间。

课例 19　人类重要的营养物质

一、课题

人教版　九年级下　第十二单元课题 1　人类重要的营养物质

二、内容标准

1. 了解人类重要的营养物质是指蛋白质、糖类、油脂、维生素、无机盐和水等六大类。

2. 初步认识蛋白质、糖类、油脂，维生素在人类生命活动中的重大意义。

三、教材分析

化学与人类生活的关系越来越密切，第十二单元我们将从人类重要的营养物质，化学元素与人体健康，有机合成材料三个方面来了解化学与生活的关系。

四、学情分析

食物中的营养物质，学生在生物学中已学过，有了一定的基础，但本课题侧重让学生了解营养物质对人的生命活动的重要意义及合理安排饮食的重要性，所以教师的教学主旨是以学生的自主学习为中心，辅以必要的讲解，从而完成本课的学习。

五、教学目标

1. 知识与技能

中　篇　经典教学课例

（1）了解营养素是指蛋白质、糖类、油脂、维生素、无机盐和水等六种物质。

（2）了解蛋白质与人体健康的关系。

（3）了解糖类、油脂、维生素与人体健康的关系。

2．过程与方法

通过阅读资料了解和摄取相关信息。

3．情感、态度和价值观

意识到化学与生活有着密切的关系，在此基础上发展学习化学的兴趣。

六、教学重点

蛋白质、糖类、油脂、维生素与人体健康的关系。

七、教学难点

蛋白质、糖类、油脂、维生素的生理功能。

八、教学方法

阅读、讨论、讲解、拓宽、练习等。

九、教学过程

教学流程	教师活动	学生活动	设计意图
导入	随着科学的进步，化学与人类生活的关系越来越密切，本单元我们将从人类重要的营养物质、化学元素与人体健康，有机合成材料等三个方面来了解化学与生活的关系。 课题1　人类重要的营养物质 [讲解] 人类为了维持生命与健康，除了阳光与空气外，必须摄取食物。食物的主要成分有糖类、油脂、蛋白质、维生素、无机盐和水六大类，通常称为营养素。它们和通过呼吸进入人体的氧气一起，经过新陈代谢过程，转化为构成人体的物质和维持生命活动的能量。所以，它们是维持人体的物质组成和生理机能不可缺少的要素，也是生命活动的物质基础。		从生活中发现化学，体会到化学无处不在。
过渡	首先，我们来学习有关蛋白质的知识。 [板书] 一、蛋白质 [问] 你知道哪些食物中含有丰富的蛋白质？	鸡蛋、牛奶、豆制品、鲤鱼、带鱼、虾、瘦肉、花生、小麦、酱油等。	引导学生思考
学生讨论	人常说：蛋白质是生命的基础，没有蛋白质就没有生命。为什么会这样说呢？请大家阅读课本有关内容并进行讨论总结。	请各小组代表公布本组的讨论结果。	讨论分析
教师总结	[板书] 1. 蛋白质是构成人体的物质基础。一切重要的生命现象和生理机能，都与蛋白质密切相关。 [师] 所以我们说：没有蛋白质就没有生命。		

中　篇　经典教学课例

157

新课程化学怎么教

教学流程	教师活动	学生活动	设计意图

蛋白质和氨基酸

资料一	

蛋白质的组成里不仅含有碳、氢、氧元素，还含有氮、硫等元素，它是由不同的氨基酸互相结合形成的高分子化合物。蛋白质结构复杂，种类繁多。

1965年，我国在世界上第一次用人工方法合成的结晶牛胰岛素，就是一种有生命活力的蛋白质。

已知从蛋白质得到的氨基酸有20多种，其中有8种是必须由食物蛋白质供给的，如果缺乏会影响人的生长发育。各种氨基酸分子中都含有氮原子。

大豆和大豆制品含有丰富的植物蛋白，豆浆和豆腐是我国人民的家常食品，富含蛋白质，营养价值很高。

烹调肉、鱼等食物时，其中的蛋白质部分转化为氨基酸，含有多种氨基酸的鱼、肉汤汁味道鲜美。常用的鲜味剂——味精，就是一种氨基酸（谷氨酸）的钠盐。

资料二

人体是一个复杂的"化工厂"，在这个"化工厂"里同时进行着许多互相协调配合的化学反应。这些反应不能在高温、高压、剧毒、强腐蚀的条件下进行。只能在体温条件下温和地进行。这些反应还要求有较高的速率，而且需要随着环境和身体情况的变化而随时自动地进行精密地调节。如此苛刻的条件是怎样实现的呢？这要靠一类特殊的蛋白质——酶的作用。

1. 酶是蛋白质，具有蛋白质的特性；

2. 酶是生物产生的催化剂。

酶作催化剂的优点：

（1）脱离生物体不会失去催化能力；

（2）条件温和、不需要加热；

（3）反应速度快、效率高；

（4）具有专一性、无副反应。

目前，人们已经知道的酶有数千种。工业上大量使用的酶多数是通过微生物发酵得到的，并且有许多种酶已制成了晶体。酶已得到广泛的应用，如淀粉酶应用于食品、发酵、纺织、制药等工业；蛋白酶用于医药、制革等工业；脂肪酶用于使脂肪水解、羊毛脱脂等。酶还可用于疾病的诊断。

教学流程	教师活动	学生活动	设计意图
过渡	我们知道,血液中的血红蛋白在吸入氧气和呼出二氧化碳的过程中起着载体的作用。血红蛋白是由蛋白质和血红素构成的。在肺部,血红蛋白中血红素的 Fe^{2+} 与氧结合成为氧合血红蛋白,随血液流到机体的各个组织器官,放出氧气,供体内氧化用。 [板书] 2. 血红蛋白＋氧气→氧合血红蛋白 [讲解] 在上述过程进行的同时,血红蛋白结合血液中的二氧化碳,携带到肺部呼出。人的呼吸作用就是这样反复进行的过程。 由于铁在输送氧的过程中起着重要的作用,故人体内铁的总量的 $60\%\sim70\%$ 存在于红细胞的血红蛋白内。人缺铁时会得贫血病。	引导学生看课本图 12－3、图 12－4	培养自学能力
血红蛋白	血红蛋白除了能和氧气结合外,还能与一氧化碳结合,且结合能力是氧气的 200 倍。 [板书] 3. 血红蛋白结合一氧化碳的能力强于结合氧气的能力。 结合了一氧化碳的血红蛋白不能再与氧气结合,人就会缺氧窒息死亡。这就是煤气中毒的原因。 香烟的烟气中含有几百种有毒物质,其中就有一氧化碳。	引导学生看课本图 12－5 引导学生观看课本 P_{90} 页资料:吸烟的危害	

中 篇 经典教学课例

159

教学流程	教师活动	学生活动	设计意图
蛋白质会变质	当蛋白质受热或遇到浓硝酸、重金属盐、甲醛等化学物质时，会发生化学变化而失去原有的生理功能。故重金属盐、甲醛可使人畜中毒。 [板书] 4. 受热或遇浓硝酸、重金属盐、甲醛等物质时，蛋白质会变质。 有人用甲醛水溶液来浸泡水产品出售，这样做有什么危害？	用甲醛水溶液浸泡水产品，目的是为了使水产品保存更长时间而不腐烂，但人食用了这样的水产品会引起中毒。	常识了解
引言	人饿了，会浑身无力，此时首先想到要吃饭；马拉松长跑运动员在中途要喝葡萄糖水；消化吸收能力差的病人要通过静脉输入葡萄糖水…… 　　人们要维持一定的体温，要从事各种活动，需要热量和能量。吃饭或摄入葡萄糖，为什么能提供人们活动所需的热量和能量呢？ 　　这就需要我们了解有关糖类的知识。 　　[板书] 二、糖类 　　[讲解] 糖类是绿色植物光合作用的产物，是动植物所需能量的重要来源，在人类食物所供给的总能量中，有60%～70%来自糖类。 　　[板书] 糖类是动植物所需能量的重要来源。 　　[介绍] 人们吃饭，从大米、面粉、玉米、土豆等主食中摄入的糖类物质是淀粉。		

教学流程	教师活动	学生活动	设计意图
过渡	食物中的另一类营养物质——油脂也是动物体内重要的供能物质。有关油脂我们需要了解些什么呢？ [板书] 三、油脂 [板书] 四、维生素		进一步培养学生的自学能力。引导学生更关心生活。
讲解	维生素有 20 多种，它们是分子组成和结构都较为复杂的物质，它们多数在人体内不能合成，需要从食物中摄取。维生素在人体内需要量很小，但它们可以起到调节新陈代谢、预防病、维持身体健康的作用。缺乏某种维生素将使人患病，如缺乏维生素 A，会引起夜盲症；缺乏维生素 C，会引起坏血病。水果、蔬菜、种子食物、动物肝脏、鸡肉、鱼类、鱼肝油、蛋类、牛奶和羊奶等均含有丰富的维生素。	领会	进一步培养学生的自学能力。引导学生更关心生活。
总结本课	一、蛋白质 　　1. 蛋白质是构成人体的物质基础。一切重要的生命现象和生理机能，都与蛋白质密切相关。 　　2. 血红蛋白＋氧气→氧合血红蛋白 　　3. 血红蛋白结合一氧化碳的能力强于结合氧气的能力。 　　4. 受热或遇浓硝酸、重金属盐、甲醛等物质时，蛋白质会变质。 二、糖类 　糖类是动植物所需能量的主要来源。 　　1. 淀粉 　　2. 葡萄糖 三、油脂 　油脂是油和脂肪的合称；油脂是重要的供能物质；人体内的脂肪是维持生命活动的备用能源。 四、维生素 　维生素在人体内需要量虽小，但却很重要。		

十、反思

本节课在教学中有待进一步提高的几个方面：

①对课程的分析深度不够，要加强对本学科知识系统的联系和理解。

②教师语言和表情需要增加亲和力。

③思维与能力培养的力度还要加强。

④课堂反馈要更及时准确，在学生的反馈中要充分展露他们的思维过程和思维缺陷，捕捉到学生的思维闪亮点，并给予及时准确的评价。

十一、点评

本课堂要突出学生的主体地位，各项活动和任务的展开以学生的研究性学习为中心，通过开展四人活动、小组活动，以问题、图片、故事等方式创设不同的情景，将学生引入所要谈论的话题。课前让学生调查家庭和学校，收集有关资料。让学生学会探究，培养学生分析问题、解决问题的能力，以及共同学习、资源共享的精神。

下　篇

课程标准与化学教师专业化发展

　　在化学教师中，不乏钻研教材、研究学生、尝试各种教学方法、探究教学策略的优秀教师。如何教得更好，如何教得更有意思，是每一位教师的追求目标。为了满足学生的学习需要，赢得学生的喜爱，化学教师在教学过程中自始至终从事着探究活动。

1. 教师即研究者

　　课程标准更关注学生的个体发展，与此相应教师应尊重学生的人格，关注个体差异，满足不同需要，研究与掌握学生的心理发展规律，寻找适合学生的教学策略与模式。因此，教师的教学过程包含了教师对学情的调查和研究过程。

　　（1）创设探究学习的教育环境

　　在教学实施中，教师最具创造性的工作是设计能引导学生主动参与的教育环境。教师通过精心设计"化学科学活动""探究性问题"，激发学生学习热情，培养学生学习能力，使每个学生都能得到充分发展。下面是一

163

位化学教师创设的探究学习的经典案例。

二氧化碳的性质

在教学《二氧化碳的性质与用途》一课中，教学一开始，先讲述一个故事："在很久以前，有个山洞，凡是狗跑进去，都不会出来，当地人称之为屠狗洞。有个探险家为了了解山洞的秘密，手挚火把进入了山洞，他走着走着，感到呼吸越来越困难，想坐下来休息一会，便把火把插在地上，火把很快熄灭了，他以为屠狗妖来了，仓惶地逃出了山洞。"

故事讲述完毕，学生们发自内心地想探知山洞屠狗的奥秘，探究心理被激发出来。接着，老师告诉学生：每组同学的桌面上都有几瓶一样的气体，平衡悬挂着的两个小塑料袋，一盒火柴，小蜡烛，紫色石蕊试剂，澄清石灰水，另外，还有一只小麻雀。猜猜看，集气瓶里是什么气体？想一想所给的这些用品干什么用？谁能根据我们已经学过的知识，利用以上的药品或材料确定这是什么气体？这种气体具有怎样的性质？山洞里的屠狗妖到底怎么回事？学生们个个跃跃欲试，各小组同学分别设计方案，按照自己的方案动手实验，记录现象，分析产生现象的原因，组间交流得出结论。而后，让一位同学将小麻雀放在集气瓶里向全班展示小鸟慢慢昏倒的过程，从而，进一步解释屠狗洞现象。

如此，让学生做到了不仅知其然，而且知其所以然。进而，请同学分析，这个山洞里的二氧化碳为什么会聚集在地表？还有哪些地方有类似的特点？并对学生进行安全教育，得出进入空气流通不畅的地方前需进行点火实验。这种设计一方面做到了首尾呼应，另一方面，将情感教育蕴含在了其中。

在教学实践中，化学教师要善于依据教材内容的不同特点，巧用各种媒体手段，创设探究的情景。当然，创设教学情景不仅要在讲课的开始，还要贯穿于课堂教学的始终，使学生始终保持良好的心境，思维处于持续活跃的状态。

（2）勤学习，多读书，终身学习追踪学科前沿

依据化学课程标准，教师在化学教学中，要充分关注"生活化学"和"对终身发展有用的化学"的内容，要提供给学生与其生活相关的化学知识。化学学科应用性和开放性的特点，使教师教学的自主发挥空间扩大了。教师要把课上得精彩，就需要对相关的知识掌握得足够深，足够广，这样才能在教学过程中对知识信手拈来，使教学过程张弛有序。"要给学生一杯水，自己要有一桶水。"教师专业化发展需要终身学习，跟上时代，扩大视野，放眼国际，瞄准前沿，及时了解化学学科与教育发展的新进展。下面是一位化学教师跟踪化学学科前沿的经典案例。

二氧化碳对环境的影响

教材上叙述，二氧化碳可以产生温室效应，温室效应导致全球变暖，全球变暖导致南极的冰川熔化，使海平面升高，淹没部分沿海城市，使土地沙漠化以及农业减产等。

对于教师，应该对二氧化碳的作用有全面的了解，一方面是二氧化碳的益处：对于植物的光合作用有重要意义，对于人类等物种的生存有重要意义。二氧化碳等温室气体能吸收地表长波辐射，使大气变暖，与温室作用相似。若无温室效应，地球表面平均温度是 $-19℃$，而非现在的 $15℃$。

另一方面是二氧化碳含量骤增带来的对于环境的压力：温室效应加剧。现在大家熟知的全球气温上升、全球气候的变化、对生态系统结构和物质循环的影响、对农作物以及森林草原的影响等，以及由此带来的社会经济效应，都是温室效应加剧的后果。

2. 教师研究的路径和方法

研究是人类对未知事物的一种态度，人们对研究的理解大致可以分为狭义与广义两类。所谓狭义的研究就是把研究理解为专业人员如科学家、教授等，所从事的科研活动，是一种学术性研究。但如果认真分析我们的日常用语，又会发现，我们经常所说的研究往往不是指学术性的科学研究活动，而是指一般性的探究活动。

中学教师的研究既不同于专家的科学研究，也不是具体的感性探究，对于教师来说，能否改进具体的教学实践，提高学生的素质，是教师研究的重点。教师如何开展教学研究，怎样才能具有研究能力，实现从"传授型"向"研究型"的角色转变，是中小学教师普遍关注的问题。目前教师开展教学研究的主要路径有：自我反思、同伴互导、专家引领。下面与老师们共同探讨教学研究的一般方法。

（1）自我反思是研究的基础

自我反思是对问题的深度思考，孔子曰："吾日三省吾身"。苏霍姆林斯基说："教育，首先是活生生的、寻根追底的、探究性的思考。"自我反思追求的正是这样的思考品质，它力图回到问题的原点，顺藤摸瓜、寻根究底，而不是浮光掠影、浅尝辄止。它不满足于既定的结论，而是敢于对那些"习以为常"的道理提出质疑。

在教学实践中，教师经常以事件记录形式自我反思，如：课上，自己在情境创设、问题设计、引起动机、课堂组织、环节过渡、重点把握、难点突破等方面处理得怎么样？事件记录形式的反思是原生态的，是圈定问题的，是能够放大揭示问题意义细节的，是教师积极主动的反思，是教师研究的开始。

他人比较形式的反思，是从不同的视角，发现并澄清自己的问题或优势。如果说事件记录是为了积累自身的直接经验，他人比较是为了分析自己的片断经验，那么自我批判则立足于经验之上的理性加工。

面对一个教学事件或情境，批判反思不仅仅关注它的现象和过程，更关注它的根源和背景，关注它与别的事件或情境的联系，关注经验背后的诸如规律、信念等理性的东西。例如观摩同一节课，一般老师最可能关注的是这节课"教了什么"，"是怎么教的"，而专家教师更多考虑的则是"为什么这么教"。前者关注的是技术，而后者在关注技术的同时，还考虑到支撑这种技术的教学理念。下面是一位教师对教学的反思案例。

原子结构

《原子的构成》课题的教学，教材编排上是叙述性的，很抽象。如何既让学生学到知识，又对学生进行科学方法、科学态度的教育呢？通过查阅资料，他发现这节课有很多典型的"基础理论型"探究性学习的好素材。最终，他采用以人类认识原子内部结构的历史过程为主线展开学习活动，介绍卡文迪许实验室的三代师生汤姆逊、卢瑟福、玻尔的贡献。在课堂上尽可能地运用图片、动画创设情景，通过形象的描绘、科学的推理、史料的佐证，可以加强教学的直观性，将原子的结构直观而形象地展示出来。另外，通过对具体原子质量的实际数据展示的观察，感受书写使用的不便，进而认识引入相对原子质量的意义，并主动学习查阅相对原子质量的方法。

虽然本节课教学内容是枯燥的，但由于事先灵活地组织好了教学素材。创设的教学情景，也很容易激发学生的学习兴趣，结果学生的表现非常活跃，教学达到了比较满意的效果。

自我反思对教师教学研究和专业发展具有重要意义。美国学者波斯纳于1989年提出了著名的教师成长公式：经验＋反思＝成长。试问，自我反思教学研究到底有什么样的作用呢？自我反思是提升经验的桥梁，是锤炼思维的工具。一个研究型的教师首先是一个有思想的教师。

（2）专家引领提高研究的有效性

专家引领在教师教学研究、专业发展等方面具有自我反思、同伴互导所不可替代的作用。有些复杂的问题，仅靠自我反思、同伴互导仍然不能解决。当教师因某个问题不得其解而处于困惑时，专家给予的启发、点拨可以使教师破解问题、消除困惑。教师在教学实践与研究中重大的问题，需要专家提供思维方法的引领，以寻求问题方向性的、观念性的解决。下面是专家引领课堂分析案例。

分解课堂

要观察课堂，首先要分解课堂。我们一向熟悉的课堂，面对"分解"两字，顿时又陌生起来了。我们一直茫然地不知道脚要往哪个方向迈，是教授一次次指点，我们最终拿出拆分课堂的四种分解思路：

①依据新课程理念，切分为师生关系、教学互动、主动探究、预设生成、回归生活、合作学习、信息技术与学科整合、多元评价等八个维度；

②依据课堂教学的主体、客体的互动关系，切分为教师、学生、教学信息、教学媒体等四个维度；

③依据课堂教学的执行流程，切分为教学目标、教学重难点、教学方法、教学手段、教学过程、教学组织、教学评价等七个维度；

④以教学的基本范畴，切分为教学结构与教学组织、教学理念与教学要素、教学设计与教学操作、教学预设与教学生成、静态教学与动态教学等五个维度。

教授应邀来到学校，听完汇报，不急不躁地说："课堂是为了什么？教师的教为了什么？一句话，为了学生的学习，我们能否从影响学生课堂学习的因素出发来思考课堂分解问题呢？"后来，我们知道，这叫原点思考。依据这种思考方式，我们将课堂教学分解为学生学习、教师教学、课堂性质、课堂文化四个维度。

这一刻，我们真切体悟到"科学就是使复杂的事情简单化"的内涵，才明白什么叫专家思维。

新的基础教育课程体系，以培养学生创新精神和实践能力为重点，如何将理念落实到教学实践中，教师需要参与专家引领下的教学研究、课题研究以提高化学学科素养。教师只有学习科学研究问题的方法，才有可能培养出具有创新精神的人才。

水的净化

九年级化学上册第三单元《水的净化》一节中，讲解了水净化的方法为：吸附、沉淀、过滤和蒸馏等。但是专家指导，经过以上处理的水不能说已经做到最好了，实际生产中纯水的制备还要综合考虑其他因素。专业资料显示：

（1）按照水中杂质的去除程度，纯水可分为不同的等级——除盐水、纯水、超纯水等。

a. 除盐水　除去水中的绝大部分强电解质，含盐量 $1\sim5mg/L$ 的水。

b. 深度除盐水——纯水　除去水中各种电解质，含盐量小于 $1.0mg/L$ 的水。

c. 超纯水　除去水中电解质、胶体、有机物、微生物等杂质，含盐量小于 $0.1mg/L$ 的水。

（2）纯水生产的基本过程包括如下步骤：

a. 前处理　包括絮凝、沉淀、过滤等使较大颗粒的杂质先行清除，减少后续处理工序的负荷。

b. 离子交换处理　用离子交换技术除去水中溶解的离子性杂质。

c. 超滤膜处理　清除水中微生物、有机物等杂质。

d. 半透膜反渗透处理　除去溶解于水的蛋白质等极细的杂质。

e. 紫外线处理　用以杀灭水中尚存的细菌、病毒等。

为了保证超纯水的高纯度，必须注意所有生产和存放设备的材料对其可能造成的污染。即使是玻璃、不锈钢等耐水溶解的材料，也有微小的溶解。对超纯水要求很高的生产部门，必须使用更为耐水溶解的分子材料制的设备。所保存的超纯水，应与大气隔绝，避免空气中的可溶性气体、灰尘等的污染。

　　与其他研究一样，教师的教学研究也必须遵循基本的教育科学研究方法和规范。教师从事教学研究一般需要包括五个步骤：发现问题，分析与选择问题，制定研究计划，实施研究计划和收集数据，回答和解决问题。那么，有的教师可能会提出一个非常尖锐的问题，专家在哪里？这需要你用心寻找，校内有你的教学师傅，校外有教研员，书籍中有大师和你交谈，你也不妨回到母校，向你的老师大学求教，不妨关注国家级的重大课题等等。提到研究你还可能会抱怨，日常教学很紧张没有时间，其实不然，研究是一种态度，研究并非是高深莫测的，作为教师的你更多的是需要转变观念。试想，如果能与专家分享你的问题，也许专家的只言片语就能点燃你智慧的灯火，远离"教书匠"走向专家型教师，将教学与科研熔为一炉，边实践边创新边总结，不仅推动化学课程改革的深入，而且提高自己的研究能力与教学能力。

附　录

初中化学新课程标准

第一部分　前言

化学是自然科学的重要组成部分，它侧重于研究物质的组成、结构和性能的关系，以及物质转化的规律和调控手段。今天，化学已发展成为材料科学、生命科学、环境科学和能源科学的重要基础，成为推进现代社会文明和科学技术进步的重要力量，并正在为解决人类面临的一系列危机，如能源危机、环境危机和粮食危机等，作出积极的贡献。

作为科学教育的重要组成部分，新的化学课程倡导从学生和社会发展的需要出发，发挥学科自身的优势，将科学探究作为课程改革的突破口，激发学生的主动性和创新意识，促使学生积极主动地学习，使获得化学知识和技能的过程也成为理解化学，进行科学探究，联系社会生活实际和形成科学价值观的过程。

171

一、课程性质

义务教育阶段的化学课程，可以帮助学生理解化学对社会发展的作用，能从化学的视角去认识科学、技术、社会和生活方面的有关问题，了解化学制品对人类健康的影响，懂得运用化学知识和方法去治理环境污染，合理地开发和利用化学资源，增强学生对自然和社会的责任感，使学生在面临与化学有关的社会问题的挑战时，能做出更理智、更科学的决策。

义务教育阶段的化学课程应该体现启蒙性、基础性。一方面提供给学生未来发展所需要的最基础的化学知识和技能，培养学生运用化学知识和科学方法分析和解决简单问题的能力；另一方面使学生从化学的角度逐步认识自然与环境的关系，分析有关的社会现象。

二、基本理念

1. 让每一个学生以轻松愉快的心情去认识多姿多彩、与人类息息相关的化学，积极探究化学变化的奥秘，形成持续的化学学习兴趣，增强学好化学的自信心。

2. 给每一个学生提供平等的学习机会，使他们都能具备适应现代生活及未来社会所必需的化学知识、技能、方法和态度，具备适应未来生存和发展所必备的科学素养，同时又注意使不同水平的学生都能在原有基础上得到良好的发展。

3. 注意从学生已有的经验出发，让他们在熟悉的生活情景中感受化学的重要性，了解化学与日常生活的密切关系，逐步学会分析和解决与化学有关的一些简单的实际问题。

4. 让学生有更多的机会主动地体验探究过程，在知识的形成、联系、应用过程中养成科学的态度，获得科学的方法，在"做科学"的探究实践中逐步形成终身学习的意识和能力。

5. 使学生初步了解化学对人类文明发展的巨大贡献，认识化学在实现人与自然和谐共处、促进人类和社会可持续发展中的地位和作用，相信化学为实现人类更美好的未来将继续发挥它的重大作用。

6. 为每一个学生的发展提供多样化的学习评价方式。既考核学生掌握知识、技能的程度，又注重评价学生的科学探究能力和实践能力，还要关注学生在情感态度与价值观方面的发展。在学习过程中，力求使更多的学生学会反思和自我评价。

三、设计思路

《全日制义务教育化学课程标准（实验稿）》（以下简称《标准》）包括前言、课程目标、内容标准和实施建议四个部分（图略）。

1. 依据国际科学教育和化学课程改革的趋势，以及国内化学课程的现状和基础教育课程改革的指导思想，《标准》确立了化学课程改革的重点：以提高学生的科学素养为主旨；重视科学、技术与社会的相互联系；倡导以科学探究为主的多样化的学习方式；强化评价的诊断、激励与发展功能。

2. 化学课程通过化学知识与技能、过程与方法、情感态度与价值观等三个方面来体现对未来社会公民科学素养的培养，据此制定义务教育阶段化学课程的具体目标。

3. 《标准》一方面强调科学探究是一种重要而有效的学习方式，在内容标准中对各主题的学习提出了探究活动的具体建议，旨在转变学生的学习方式，使学生积极主动地获取化学知识，激发学习兴趣，培养创新精神和实践能力；另一方面将科学探究作为义务教育阶段化学课程的重要学习内容，在内容标准中单独设立主题，明确地提出发展科学探究能力所包含的内容与培养目标。同时，《标准》对科学探究的教学实施和评价也提出了相应的建议。

4. 化学课程内容的选择依据学生的已有经验和心理发展水平，反映化学学科内容特点，重视科学、技术与社会的联系，确定了"科学探究"

"身边的化学物质""物质构成的奥秘""物质的化学变化""化学与社会发展"五个内容主题,规定了具体的课程内容标准。这些内容是学生终身学习和适应现代社会生活所必需的化学基础知识,也是对学生进行情感态度与价值观教育的载体。

5.《标准》中的"活动与探究建议"是为了突出学生的实践活动,充分发挥学生学习的主体性而设置的。实验是学生学习化学、实现科学探究的重要途径,观察、调查、资料收集、阅读、讨论、辩论等也是积极的学习方式。这些活动本身就是化学课程内容的有机组成部分,也是全面实现化学课程目标的基本保证。

6.《标准》中的"可供选择的学习情景素材"包括与学习内容相关的各种背景资料,如化学史料、日常生活中生动的自然现象和化学事实、化学科学与技术发展及应用的重大成就、化学对社会发展影响的事件等。这些素材旨在帮助教师理解课程目标,教师可在相关主题的教学中利用这些素材来创设学习情景,充分调动学生学习的主动性和积极性,帮助学生理解学习内容,体验化学与技术、社会的紧密联系,引导学生认识化学在促进社会可持续发展中的重要作用。

四、关于目标要求的说明

《标准》对目标要求的描述所用的词语分别指向认知性学习目标、技能性学习目标和体验性学习目标。按照学习目标的要求设有不同的水平层次。对同一层次的学习要求所采用的词语有对学习结果目标的描述,也有对学习过程目标的描述。

1. 认知性学习目标的水平

从低到高:

知道、记住、说出、列举、找到

认识、了解、看懂、识别、能表示

理解、解释、说明、区分、判断

2. 技能性学习目标的水平

从低到高：

初步学习（如分离混合物、制取气体）

初步学会（如取用药品、加热、选择仪器、连接仪器、配制溶液、检验物质、使用化学用语、观察记录、简单计算）

3. 体验性学习目标的水平

从低到高：

体验、感受

意识、体会、认识、关注、遵守

初步形成、树立、保持、发展、增强

第二部分　课程目标

义务教育阶段的化学课程以提高学生的科学素养为主旨，激发学生学习化学的兴趣，帮助学生了解科学探究的基本过程和方法，培养学生的科学探究能力，使学生获得进一步学习和发展所需要的化学基础知识和基本技能；引导学生认识化学在促进社会发展和提高人类生活质量方面的重要作用，通过化学学习培养学生的合作精神和社会责任感，提高未来公民适应现代社会生活的能力。

通过义务教育阶段化学课程的学习，学生主要在以下三个方面得到发展。

一、知识与技能

1. 认识身边一些常见物质的组成、性质及其在社会生产和生活中的应用，能用简单的化学语言予以描述。

2. 形成一些最基本的化学概念，初步认识物质的微观构成，了解化学变化的基本特征，初步认识物质的性质与用途之间的关系。

3. 了解化学与社会和技术的相互联系，并能以此分析有关的简单问题。

4. 初步形成基本的化学实验技能，能设计和完成一些简单的化学实验。

二、过程与方法

1. 认识科学探究的意义和基本过程，能提出问题，进行初步的探究活动。

2. 初步学会运用观察、实验等方法获取信息，能用文字、图表和化学语言表述有关的信息，初步学会运用比较、分类、归纳、概括等方法对获取的信息进行加工。

3. 能用变化与联系的观点分析化学现象，解决一些简单的化学问题。

4. 能主动与他人进行交流和讨论，清楚地表达自己的观点，逐步形成良好的学习习惯和学习方法。

三、情感态度与价值观

1. 保持和增强对生活和自然界中化学现象的好奇心和探究欲，发展学习化学的兴趣。

2. 初步建立科学的物质观，增进对"世界是物质的""物质是变化的"等辩证唯物主义观点的认识，逐步树立崇尚科学、反对迷信的观念。

3. 感受并赞赏化学对改善个人生活和促进社会发展的积极作用，关注与化学有关的社会问题，初步形成主动参与社会决策的意识。

4. 逐步树立珍惜资源、爱护环境、合理使用化学物质的观念。

5. 发展善于合作、勤于思考、严谨求实、勇于创新和实践的科学精神。

6. 增强热爱祖国的情感，树立为民族振兴、为社会的进步学习化学的志向。

第三部分 内容标准

内容标准是《标准》的重要组成部分，包括 5 个一级主题，每个一级主题由若干个二级主题（单元）构成。

一级主题	二级主题
科学探究	增进对科学探究的理解 发展科学探究能力 学习基本的实验技能
身边的化学物质	地球周围的空气 水与常见的溶液 金属与金属矿物 生活中的常见化合物
物质构成的奥秘	化学物质的多样性 微粒构成物质 认识化学元素 物质组成的表示
物质的化学变化	化学变化的基本特征 认识几种化学反应 质量守恒定律
化学与社会发展	化学与能源、资源利用 常见的化学合成材料 化学物质与健康 保护好我们的环境

每个二级主题从"标准""活动与探究建议"两个维度对学习内容加以说明。

"标准"规定了学习本课程所要达到的最基础的学习要求。

"活动与探究建议"中所列举的活动不要求全盘照搬，在教材编写或教学时可依据实际情况选择应用，也可以另外增补更适当的探究活动。其中的实验探究活动应尽可能以学生为主去完成；综合性较强的活动和探究实验要组织学生以小组为单位共同协作完成，以培养学生的团队精神和协同工作能力。

每个二级主题还提供了一些可供选择的学习情景素材，为教学设计提供一定的线索。教材编写者和教师还可以选用其他的素材，创设更生动的教学情景。

一、科学探究

义务教育阶段化学课程中的科学探究，是学生积极主动地获取化学知识、认识和解决化学问题的重要实践活动。它涉及提出问题、猜想与假设、制定计划、进行实验、收集证据、解释与结论、反思与评价、表达与交流等要素。学生通过亲身经历和体验科学探究活动，激发化学学习的兴趣，增进对科学的情感，理解科学的本质，学习科学探究的方法，初步形成科学探究能力。

科学探究是一种重要的学习方式，也是义务教育阶段化学课程的重要内容，对发展学生的科学素养具有不可替代的作用。本《标准》对科学探究主题的内容和学习目标从三个方面提出具体要求。

（一）增进对科学探究的理解

1. 体验到科学探究是人们获取科学知识、认识客观世界的重要途径。

2. 意识到提出问题和作出猜想对科学探究的重要性，知道猜想必须用事实来验证。

3. 知道科学探究可以通过实验、观察等多种手段获取事实和证据。

4. 认识到科学探究既需要观察和实验，又需要进行推理和判断。

5. 认识到合作与交流在科学探究中的重要作用。

（二）发展科学探究能力

要 素	目 标
提出问题	1. 能从日常现象或化学学习中，经过启发 或独立地发现一些有探究价值的问题。 2. 能比较清楚地表述所发现的问题。
猜想与假设	1. 能主动地或在他人的启发下对问题可能的答案作出猜想或假设。 2. 具有依据已有的知识和经验对猜想或假设作初步论证的意识。
制定计划	1. 在教师指导下或通过小组讨论，提出活动方案，经历制定科学探究活动计划的过程。 2. 能在教师指导下或通过小组讨论，根据所要探究的具体问题设计简单的化学实验方案。具有控制实验条件的意识。
进行实验	1. 能积极参与做化学实验。 2. 能顺利地完成实验操作。 3. 能在实验操作中注意观察和思考相结合。
收集证据	1. 具有较强的实证意识。 2. 学习运用多种方式对物质及其变化进行观察。 3. 能独立地或与他人合作对观察和测量的结果进行记录，并运用图表等形式加以表述。 4. 初步学会运用调查、资料查阅等方式收集解决问题所需要的证据。
解释与结论	1. 能对事实与证据进行简单的加工与整理，初步判断事实证据与假设之间的关系。 2. 能依据一定的标准对物质及其变化进行简单的分类。 3. 能在教师的指导下或通过与他人讨论对所获得的事实与证据进行归纳，得出正确的结论。 4. 初步学会通过比较、分类、归纳、概括等方法认识知识之间的联系，形成合理的认知结构。
反思与评价	1. 有对探究结果的可靠性进行评价的意识。 2. 能在教师的指导下或通过与他人讨论，对探究学习活动进行反思，发现自己与他人的长处以及存在的不足，并提出改进的具体建议。 3. 能体验到探究活动的乐趣和学习成功的喜悦。
表达与交流	1. 能用口头、书面等方式比较明确地表述探究过程和结果，并能与他人进行交流和讨论。 2. 与他人交流讨论时，既敢于发表自己的观点，又善于倾听别人的意见。

179

（三）学习基本的实验技能

化学实验是进行科学探究的重要方式，学生具备基本的化学实验技能是学习化学和进行探究活动的基础和保证。化学课程要求学生遵守化学实验室的规则，初步形成良好的实验工作习惯，并对实验技能提出如下要求：

1. 能进行药品的取用、简单仪器的使用和连接、加热等基本的实验操作。

2. 能在教师指导下根据实验目的选择实验药品和仪器，并能安全操作。

3. 初步学会配制一定溶质质量分数的溶液。

4. 初步学会根据某些性质检验和区分一些常见的物质。

5. 初步学习使用过滤、蒸发的方法对混合物进行分离。

6. 初步学习运用简单的装置和方法制取某些气体。

科学探究内容的教学和学习目标的实现，必须让学生亲身经历丰富的探究活动。义务教育阶段化学课程中的探究活动可以有多种形式和不同的水平层次。活动中包含的探究要素可多可少，教师指导的程度可强可弱，活动的场所可以在课堂内也可以在课堂外，探究的问题可来自书本也可源于实际生活。在探究活动中各要素呈现的顺序不是固定的，如"进行实验"既可作为收集证据的途径，也是提出问题或作出假设的一种依据。探究活动包括实验、调查、讨论等多种形式。在实际教学中应尽可能创造条件，多开展课堂内的、体现学生自主性的探究活动。

科学探究既作为学习的方式，又作为学习的内容和目标，必须落实在其他各主题的学习中，不宜孤立地进行探究方法的训练。对科学探究学习的评价，应侧重考察学生在探究活动中的实际表现。

科学探究学习目标的实现，是建立在原有科学课程学习的基础之上的，还需要与义务教育阶段的其他相关课程的学习相互配合。

二、身边的化学物质

无处不在的自然现象，蕴涵着研究物质及其变化的丰富素材。引导学生认识和探究身边的化学物质，了解化学变化的奥秘，是化学启蒙教育的重要内容。

本主题引导学生观察和探究一些身边常见的物质，帮助学生了解它们对人类生活的影响，体会科学进步对提高人类生活质量所做出的巨大贡献；增强学生对化学的好奇心和探究欲望，使学生初步认识物质的用途与性质之间的关系，帮助学生从化学的角度认识和理解人与自然的关系，初步形成科学的物质观和合理利用物质的意识。

本主题的教学要注重从日常生活和生产中选取学生熟悉的素材，注重引导学生通过观察和实验探究活动，认识物质及其变化。用五彩缤纷的化学物质和丰富多彩的化学变化，让学生体验化学美。通过本主题的教学，使学生认识学习化学的重要意义。

（一）地球周围的空气

标准	活动与探究建议
1. 说出空气的主要成分，认识空气对人类生活的重要作用。 2. 知道氧气、二氧化碳的主要性质和用途，认识氧气能跟许多物质发生氧化反应。 3. 初步学习在实验室制取氧气和二氧化碳。 4. 了解自然界中的氧循环和碳循环。	①实验探究空气中氧气的体积分数。 ②实验探究氧气和二氧化碳的性质。 ③辩论：空气中的二氧化碳会越来越多吗？氧气会耗尽吗？ ④小组协作设计并完成实验：探究空气中二氧化碳相对含量的变化。

本单元可供选择的学习情景素材：

科学家对空气成分的探究

灯管中的稀有气体

温室效应

181

（二）水与常见的溶液

标准	活动与探究建议
1. 认识水的组成，知道纯水与矿泉水、硬水与软水等的区别。 2. 了解吸附、沉淀、过滤和蒸馏等净化水的常用方法。 3. 认识溶解现象，知道水是最重要的溶剂，酒精、汽油等也是常见的溶剂。 4. 了解饱和溶液和溶解度的涵义。 5. 能进行溶质质量分数的简单计算。 6. 初步学会配制一定溶质质量分数的溶液。 7. 了解结晶现象。 8. 能说出一些常见的乳化现象。 9. 了解溶液在生产、生活中的重要意义。	①根据实验现象推断水的组成。 ②了解或实地调查饮用水源的质量和水净化处理的方法；试验活性炭和明矾的净水作用。 ③观察在水中加入少量盐后凝固点和沸点的变化。 ④利用溶解性表或溶解度曲线，查阅有关物质的溶解性或溶解度；依据给定的数据绘制溶解度曲线。 ⑤探究氯化钠、硝酸铵、氢氧化钠三种物质在水中溶解时的温度变化。 ⑥用简单的方法将衣料上沾有的油污等洗去。 ⑦配制某种无土栽培所需的无机盐营养液。

本单元可供选择的学习情景素材：

鱼池缺氧现象与增氧方法

红墨水的纸上层析

胆矾晶体的形成

海水制盐

有机玻璃的溶解与粘接

服装干洗

（三）金属与金属矿物

标准	活动与探究建议
1. 了解金属的物理特征，能区分常见的金属和非金属；认识金属材料在生产、生活和社会发展中的重要作用。 2. 知道常见的金属与氧气的反应；了解防止金属锈蚀的简单方法。 3. 知道一些常见金属（铁、铝等）矿物；了解从铁矿石中将铁还原出来的方法。 4. 了解常见金属的特性及其应用，认识加入其他元素可以改良金属特性的重要性；知道生铁和钢等重要的合金。 5. 知道废弃金属对环境的污染，认识回收金属的重要性。	①交流有关日常生活中使用金属材料的信息，或利用互联网或其他途径收集有关新型合金的成分、特性和用途的资料。 ②实验探究金属的物理性质。 ③调查当地金属矿物的开采和金属利用情况，提出有关的建议。 ④参观炼铁厂或观看工业炼铁的录像。 ⑤用实验方法将氧化铁中的铁还原出来。 ⑥收集有关钢铁锈蚀造成经济损失的资料，设计实验探究铁制品锈蚀的条件，讨论防止锈蚀的方法。 ⑦调查家庭金属垃圾的种类，分析回收的价值和可能性。

本单元可供选择的学习情景素材：

中国古代金属冶炼的成就和当代金属材料的开发利用

制造潜艇、宇宙飞船的合金材料

我国重要的金属矿物及其分布

丰富多彩的金属矿物标本和图片

金属的切割与焊接

制造自来水管材料的变迁

（四）生活中常见的化合物

标准	活动与探究建议
1. 知道常见酸碱的主要性质和用途，认识酸碱的腐蚀性。	①试验某些植物花朵汁液在酸性和碱性溶液中的颜色变化。
2. 初步学会稀释常见的酸碱溶液。	②使用 pH 试纸测定唾液、食醋、果汁、肥皂水、雨水和土壤溶液等的酸碱性。
3. 会用酸碱指示剂和 pH 试纸检验溶液的酸碱性。	③自制汽水。
4. 知道酸碱性对生命活动和农作物生长的影响。	④当地农村常用化肥的鉴别。
5. 了解食盐、纯碱、小苏打、碳酸钙等盐在日常生活中的用途。	⑤调查或收集有关酸雨对生态环境和建筑物危害的资料。
6. 知道一些常用化肥的名称和作用。	⑥实验探究酸碱的主要性质。
7. 列举生活中一些常见的有机物，认识有机物对人类生活的重要性。	

本单元可供选择的学习情景素材：

生活中常见的酸性和碱性物质

洗发剂、护发剂的酸碱性

海盐、岩盐、湖盐和井盐

中国化工专家侯德榜

三、物质构成的奥秘

从宏观到微观、从定性到定量，体现了化学学科发展的趋势。对物质组成的微观研究和定量研究使化学摆脱了经验形态，逐步形成科学的理论。

本主题将帮助学生用微粒的观念去学习化学，通过观察、想像、类比、模型化等方式使学生初步理解化学现象的本质；从五彩缤纷的宏观世界步入充满神奇色彩的微观世界，激发中学生学习化学的兴趣；利用有关原子结构的科学史实，使学生了解科学家严谨求实的科学态度；通过对问题的探究和实践活动，提高学生的想像能力、创新能力，帮助学生初步认识辩证唯物主义的一些观点。

本主题的教学应结合学生熟悉的现象和已有的经验，创设生动直观的情景，从身边的现象和简单的实验入手认识物质的微粒性，理解有关物质构成的微观概念；引导学生运用物质构成的初步知识解释一些简单的化学现象。

（一）化学物质的多样性

标准	活动与探究建议
1. 认识物质的三态及其转化。 2. 能从组成上识别氧化物，区分纯净物和混合物、单质和化合物、有机物和无机物。 3. 认识物质的多样性。	①查找一些常见物质的熔、沸点，并按熔点高低顺序列表。 ②讨论：温度计里的水银能否用水或酒精来替代？ ③加热碘固体，观察发生的现象。 ④分离氯化钠固体与铁粉组成的混合物。

本单元可供选择的学习情景素材：

干冰的形成和升华

金刚石、石墨和 C_{60}

（二）微粒构成物质

标准	活动与探究建议
1. 认识物质的微粒性，知道分子、原子、离子等都是构成物质的微粒。 2. 能用微粒的观点解释某些常见的现象。 3. 知道原子是由原子核和核外电子构成的。 4. 知道原子可以结合成分子、同一元素的原子和离子可以互相转化，初步认识核外电子在化学反应中的作用。	①通过实验比较空气和水压缩时的体积变化情况。 ②观察并解释浓氨水和浓盐酸接近时的"空中生烟"现象。 ③写科普小论文：我想像中的原子结构。

本单元可供选择的学习情景素材：

布朗运动

STM（扫描隧道显微镜）与"原子操纵"技术

原子结构的发现

（三）认识化学元素

标准	活动与探究建议
1. 认识氢、碳、氧、氮等与人类关系密切的常见元素。 2. 记住一些常见元素的名称和符号。 3. 知道元素的简单分类。 4. 能根据原子序数在元素周期表中找到指定的元素。 5. 形成"化学变化过程中元素不变"的观念。	①查找常见食品的元素组成，并列表说明。 ②查阅资料，了解地壳中含量较大的几种元素及其存在。 ③收集有关人体新陈代谢必需的微量元素的资料。

本单元可供选择的学习情景素材：

农作物生长必需的化学元素

门捷列夫与元素周期表

（四）物质组成的表示

标准	活动与探究建议
1. 说出几种常见元素的化合价。 2. 能用化学式表示某些常见物质的组成。 3. 利用相对原子质量、相对分子质量进行物质组成的简单计算。 4. 能看懂某些商品标签上标示的物质成分及其含量。	根据某种氮肥包装袋或产品说明书标示的含氮量推算它的纯度。

本单元可供选择的学习情景素材：

药品、食品标签上有关成分的含量

国家饮用水标准

四、物质的化学变化

物质世界充满了化学变化，人类的生产、生活离不开化学变化。化学变化是化学研究的主要内容之一，认识物质的组成和结构必须研究化学变化。

本主题主要包括化学变化的特征、化学反应的类型、化学反应中的能量变化以及质量守恒定律和化学反应的表示方法等内容。

本主题的教学要紧密联系生产、生活实际，使学生真切地感受到发生的化学变化；引导学生通过实验探究化学变化的规律，初步了解研究化学变化的科学方法；通过生动、具体的化学变化现象，激发学生的化学学习兴趣，逐步形成"物质是变化的"的观点。

（一）化学变化的基本特征

标准	活动与探究建议
1. 认识化学变化的基本特征，理解反应现象和本质的联系。 2. 知道物质发生化学变化时伴随有能量变化，认识通过化学反应获得能量的重要性。 3. 认识催化剂的重要作用。 4. 初步形成物质是变化的观点。	①交流平时观察到的各种化学变化现象（或观察一组化学变化），讨论并归纳出化学变化的一些特征。 ②设计实验推断孔雀石（或碱式碳酸铜）分解的产物。 ③观察硫酸铜溶液（或二氧化锰）对过氧化氢分解反应快慢的影响。 ④观察铜锌原电池实验。

本单元可供选择的学习情景素材：

往新制成的氧化钙中加入水能"煮熟"鸡蛋

照相底片的感光

石灰岩溶洞和钟乳石的形成

中国古代的黑火药

（二）认识几种化学反应

标准	活动与探究建议
1. 初步认识常见的化合反应、分解反应、置换反应和复分解反应，并能解释与日常生活相关的一些现象。 2. 能用金属活动性顺序表对有关的置换反应进行简单的判断，并能解释日常生活中的一些现象。 3. 了解人们如何利用化学反应改善和提高自身的生活质量。	①用实验证明：铁粉和硫粉混合加热生成了新的物质。 ②观察并记录实验现象：氯化铜溶液用石墨电极通电分解；在加热条件下氢气与氧化铜反应。 ③通过实验探究酸溶液、盐溶液分别跟金属发生置换反应的规律。 ④小组协作完成当地土壤酸碱性测定的实验，提出土壤改良的建议或适宜的种植方案。

本单元可供选择的学习情景素材：

用石灰石或贝壳烧制石灰

中国古代的"湿法炼铜"

用碱液处理树叶制成"叶脉书签"

酸、碱性废水的处理

（三）质量守恒定律

标准	活动与探究建议
1. 认识质量守恒定律，能说明常见化学反应中的质量关系。 2. 能正确书写简单的化学反应方程式，并进行简单的计算。 3. 认识定量研究对于化学科学发展的重大作用。	①实验探究化学反应中的质量关系。 ②用微粒的观点对质量守恒定律作出解释。

本单元可供选择的学习情景素材：

质量守恒定律的发现

五、化学与社会发展

化学科学的发展，增进了人类对自然的认识，促进了社会的进步。但某些化学现象可能影响人类的生活和社会的可持续发展，因而帮助学生正确认识化学与社会发展的关系是十分重要的。

本主题主要内容包括与化学密切联系的材料、能源、健康、环境等，使学生知道自然资源并不是"取之不尽，用之不竭"的；认识人类要合理地开发和利用资源，树立保护环境、与自然和谐相处的意识，保证社会的可持续发展。

在教学中，要注意用大量具体的真实事件引导学生体会化学与社会发展的关系，认识学习化学的重要性。

（一）化学与能源和资源的利用

标准	活动与探究建议
1. 认识燃料完全燃烧的重要性，了解使用氢气、天然气（或沼气）、石油液化气、酒精、汽油和煤等燃料对环境的影响，懂得选择对环境污染较小的燃料。	①观察某些燃料完全燃烧和不完全燃烧的现象。
2. 认识燃烧、缓慢氧化和爆炸的条件及防火灭火、防范爆炸的措施。	②燃烧条件的实验探究。
3. 理解水对生命活动的重大意义，认识水是宝贵的自然资源，形成保护水资源和节约用水的意识。	③讨论：在氢气、甲烷（天然气、沼气）、煤气、酒精、汽油和柴油中，你认为哪一种燃料最理想。
4. 知道化石燃料（煤、石油、天然气）是人类社会重要的自然资源，了解海洋中蕴藏着丰富的资源。	④交流并解释日常生活中常见的燃烧、缓慢氧化和爆炸等现象。
5. 知道石油是由沸点不同的有机物组成的混合物，了解石油液化气、汽油、煤油等都是石油加工的产物。	⑤比较原油常见馏分的某些物理性质及其燃烧的情况。
6. 了解我国能源与资源短缺的国情，认识资源综合利用和新能源开发的重要意义。	⑥调查当地燃料的来源和使用情况，提出合理使用燃料的建议。
	⑦讨论工业上用"蒸馏法"淡化海水的可行性。

本单元可供选择的学习情景素材：

不同材料引起的火灾与自救　城市"环保汽车"的兴起

沼气、天然气，"西气东输"工程

海底深处的"可燃冰"

海水的综合利用

原油泄漏对生态环境的危害及其处理

中国的化石能源

中国的水资源危机

新课程化学怎么教

（二）常见的化学合成材料

标准	活动与探究建议
1. 知道常见的合成纤维、塑料、合成橡胶及其应用。 2. 了解使用合成材料对人和环境的影响。 3. 认识新材料的开发与社会发展的密切关系。	①用简单的实验方法区分棉纤维、羊毛纤维和合成纤维（如腈纶）织成的布料。 ②写调查报告："我家里的合成材料制品"。 ③查阅并交流有关复合材料和合成材料应用的资料。 ④调查"白色污染"形成的原因，提出消除这类污染的建议。

本单元可供选择的学习情景素材：

从石器、瓷器、青铜器、铁器到高分子合成材料

塑料的回收、再生与降解

纳米材料

导电塑料

（三）化学物质与健康

标准	活动与探究建议
1. 了解某些元素（如钙、铁、锌等）对人体健康的重要作用。 2. 了解对生命活动具有重要意义的有机物（如糖、淀粉、油脂、氨基酸、蛋白质、维生素等）。 3. 知道某些物质（如一氧化碳、甲醛、黄曲霉素等）有损人体健康，认识掌握化学知识能帮助人们抵御有害物质的侵害。 4. 初步认识化学科学的发展在帮助人类战胜疾病与营养保健方面的重大贡献。	①收集有关微量元素、维生素与人体健康关系的资料并了解人如何摄取这些物质。 ②收集化学物质引起毒害（如吸入有害气体、误食有毒物质、家居装修材料释放物的污染等）的资料，提出防止这些危害的建议。 ③观看录像，了解一氧化碳、尼古丁等物质的危害。 ④观看防毒、禁毒展览或影像资料。 ⑤辩论：化学制品对人类的健康有益还是有害？

本单元可供选择的学习情景素材：

人每天摄入的食物中所含的有机物（如淀粉、维生素、葡萄糖、蛋白质和油脂等）

有关误用化学物质危害人体健康的事件（如食盐和工业用盐的误用）

常见的食品添加剂，我国使用食品添加剂的有关规定

吸烟者的肺部病理照片、录像或图片

被污染或变质的食物对人体的危害

（四）保护好我们的环境

标准	活动与探究建议
1. 认识"三废"（废水、废气和废渣）处理的必要性以及处理的一般原则。 2. 了解典型的大气、水、土壤污染物的来源及危害。 3. 认识合理使用化肥、农药对保护环境的重要意义。 4. 初步形成正确、合理地使用化学物质的意识，认识化学在环境监测与环境保护中的重要作用。	①参观本地的"三废"处理设施（或观看有关的影像资料），组织讨论。 ②设计实验，探究农药、化肥对农作物或水生生物生长的影响。 ③辩论：使用农药、化肥对人类是利多还是弊多？ ④从报刊、电视或其他媒体上收集一段时间以来当地空气质量周（日）报或相关信息，分析这一时段空气质量变化的原因。 ⑤从环保部门（或环保网站）了解当地环境污染情况，参与有关的环境监测活动，提出治理的初步建议。

本单元可供选择的学习情景素材：

排放生活污水和工业废液的危害

光化学烟雾

空气污染指数

水体的富营养化污染与禁用含磷洗衣粉

臭氧空洞和臭氧层保护

附　录　初中化学新课程标准

后　记

　　本书的写作过程是一个理论与实践对话的过程。一线教师丰富的教学实践和教学智慧，成为本书宝贵的精神财富。书中汇集了大量来自中学一线教师的生动而鲜活的教育和教学案例，这些案例反映了在新课程标准下教学工作面对的新问题，以及解决这些问题的新途径和新方法。

　　书的作者都是来自中学一线的教师。虽然他们自己在实际的工作中积累了丰富的教学经验，但是，口头上说说容易，真的要把它们变成文字——不仅要写出自己是如何理解新课程标准的，还要讲出道理来，即为什么这么做，也就是我们通常所说的反思，并不是一件易事。更何况，作为一线教师，他们平时都承担着繁重的教学任务，只能抽时间进行写作，所以能够完成本书完全是出于对这份事业的热爱，目的也只有一个——希望通过自己对新课程标准的理解和实践，分享自己的教学经验和体会，给更多的教师一点有益的启发。

　　参与本书编写的老师主要有：清华附中的宋立伏，天津市新华中学的李玲，北京市第十中学的王兴芳、何玉蓉、王娟，山东省济宁市育才中学的李鑫，北京市大成学校的魏艳利，天津市天津中学的王宝金，北京市铁路第二中学的吴伟。

参考文献

1. 布鲁纳著:《教育过程》,文化教育出版社,1982年版

2. 苏霍姆林斯基著,杜殿坤译:《给教师的建议》,教育科学出版社1984年版

3. 郑慧琦等:《做有思想的行动者:研究型教师成长的案例研究》,上海教育出版社2008年版

4. 崔允漷主编,《有效教学》,华东师范大学出版社,2009版

附 录 初中化学新课程标准